알고리즘 학습을 위한

# 순서도와 C++

양기철 저

# 머리말

지금은 바야흐로 전 세계적으로 4차 산업 혁명의 시대에 접어들었다고 한다. 인공지능(AI), 사물인터넷(IoT), 로봇, 빅데이터, 음성인식, 자율자동차, 드론 등등 이루 말할 수가 없을 정도로 ITC산업이 발전하고 있다.

이런 변화는 우리 현재의 삶에 많은 영향을 미치고 있다. 특히, 컴퓨터를 전공하는 사람이나 그렇지 않은 사람도 컴퓨터를 사용한 업무와 일상생활의 비중은 더욱 확대될 것이다.

또한 4차 산업 혁명의 시대 환경이 우리로 하여금 자연스럽게 이 분야를 관심 가지게 하고, 그렇지 않으면 불편하거나 뒤지는 일상들이 이어 질 것이다.

그래서 4차 산업 혁명의 근간이라고 할 수 있는 소프트웨어 분야를 국가의 주요 정책으로 발표하고 교육 분야와 산업 분야 등에서 집중 투자하고 미래 먹거리를 해결하려는 노력이 한창이다.

소프트웨어 분야는 컴퓨터와 직결된다. 컴퓨터를 사용하여 일련의 프로그램을 작성하여 원하는 것을 만드는 것은 매우 유익한 결과가 될 것이다.

이런 과정을 더욱 잘 해 내기 위해서는 프로그램을 작성하기 이전에 문제를 해결하기 위한 절차인 알고리즘(algorithm)을 순서도(flow chart)를 통하여 표현하고 설계하는 과정이 매우 중요하다.

해결해야 할 문제에 대해 논리적이고 체계적인 절차 즉, 알고리즘을 설계하는 능력과 최적의 효과를 얻는 알고리즘을 찾는 과정을 지속적인 연습을 통하여 익혀야 한다.

이 책에서는 기초적인 지식을 갖춘 대학 1학년 전공자 또는 비전공자들에게 쉽게 배울 수 있도록 순서도와 C++언어로 된 프로그램을 중심으로 구성하였다.

간단한 문제부터 시작하여 단계별 문제들을 통하여 논리적인 절차와 사고를 할 수 있게 하였고, 이를 순서도로 작성할 수 있게 예제와 연습문제 그리고 정보처리 산업 기사 관련 문제들을 수록하였다.

이 문제들을 순서도 작성과 프로그램 작성을 스스로 해결한 후 정답을 확인할 수 있도록 모든 문제의 해답을 수록하였다.

이렇게 해서 조금이라도 알고리즘의 설계 능력에 도움이 될 수 있도록 하였다.

양기철 씀

# CONTENTS

# CONTENTS 차례

## Chapter 03 선택형 논리 구조 / 50

# CONTENTS

# CONTENTS 차례

# CONTENTS

# 01

# 알고리즘 표현하기

# 알고리즘 표현하기

## 1-1 순서도

프로그래밍을 잘하기 위해서는 문제를 분석하여 컴퓨터로 처리할 방법을 찾아 내야 한다. 이를 알고리즘이라 하며 보통 프로그래밍언어인 파스칼(Pascal), 시(C, C++), Quick Basic 등으로 표현한다.

일상생활에서 주어진 과제를 완수하거나 어떤 문제를 해결하는데 있어, 해야 할 일의 순서를 정해 놓고 미리 계획된 방법에 따라 작업을 진행하면 착오를 막을 수 있을 뿐만 아니라 이해하기가 쉽고, 능률적일 때가 많다.

이를테면 A씨가 B씨에게 전화를 걸어 어떤 일을 상의하는 경우를 생각해 보 기로 하자.

이때, A씨가 할 일과 그 순서를 정리해 보면 다음과 같다.

① 다이얼을 돌린다.
② 통화 중인가 주의한다.
③ 통화 중이면 기다린다.
④ 전화가 통화면 B씨를 찾는다.
⑤ B씨가 집에 없으면 전할 내용을 가족에게 말한다.
⑥ B씨가 집에 없으면 전할 내용을 가족에게 말한다.
⑦ 전화기를 놓고 끝낸다.

이와 같이, 어떤 일의 처리나 문제를 해결할 때, 그 처리 과정이나 해결 절차 를 알고리즘(algorithm)이라 하고, 알고리즘을 그림으로 나타낸 것을 순서도 (flow chart)라 한다.

위의 처리 절차를 순서도로 나타내면 표1과 같다.

프로그램을 작성할 때에 순서도를 사용하면 해결 과정의 논리적 단계를 쉽게 파악할 수 있을 뿐만 아니라, 프로그램에 오류가 발생하는 경우에도 쉽게 수정할 수 있다.

일반적으로, 알고리즘과 순서도는 문제 해결의 과정을 나타낸 것이므로 사람마다 다를 수 있으나, 그 처리 과정은 누구나 알 수 있도록 일목요연하고 체계적으로 작성해야 한다. 이러한 순서도를 통하여 알고리즘을 학습하게 된다. 순서도로 문제를 해결하는 것이 프로그래밍의 기초가 된다.

순서도의 역할을 들면 다음과 같다.
① 컴퓨터 없이 프로그래밍을 연습할 수 있다.
② 컴퓨터 프로그램 코팅의 기초가 된다.
③ 타인에게 전달하기 용이하다.
④ 수정(디버깅 : debugging)이 용이하다.
⑤ 프로그램 보관 시 자료가 된다.

컴퓨터 프로그램의 순서도를 작성할 때의 기본 원칙은 다음과 같다.
표준 기호를 사용한다.
순서도의 흐름을 위쪽에서 아래쪽으로 하고, 흐름이 서로 교차 하지 않도록 작성한다.
설명은 기호 안에 간단하게 삽입한다.

순서도의 표준 기호는 표1과 같다

일반적인 프로그램은 순차(sequence), 선택(selection), 반복(loop) 세 가지 기본적인 구조를 확장함으로써 프로그램을 개발할 수 있다.

이 세 가지의 구조들을 이용하여 프로그램을 단순화 함으로써 거미줄 같은 코드를 쓰지 않고, 더 쉽게 이해하고 사용할 수 있는 프로그램을 만들 수 있게 된다.

## (1) 순차 구조(Sequence Structure)

다음 그림처럼 순차 구조에서 명령문들의 실행은 순서적으로 하나씩 수행된다.

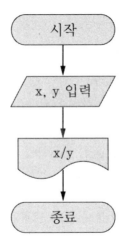

## (2) 선택 구조(Selection Structure)

선택 구조는 어떠한 조건에 따라 적절한 명령문들을 선택하는 논리다. 따라서 선택 구조에서 내려진 결정은 다음에 어떤 명령문들이 실행될 것인가를 판단한다.

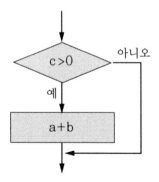

### (3) 반복 구조(Loop Structure)

반복 구조는 프로그램의 일부가 어떤 조건이 이루어질 때까지 반복적
(Loop)으로 실행되는 프로그램 논리를 나타내는 데 사용한다.

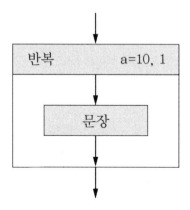

## [표 1] 순서도 기호 및 기능 설명

| 기호 | 명칭 | 설명 |
|------|------|------|
| | 단말 | 시작과 종료를 나타낸다. |
| | 처리 | 각종 연산 및 처리를 나타낸다. |
| | 입·출력 | 데이터의 입력 및 출력을 나타낸다. 이 책에서는 입력에 사용한다. |
| | 서류 | 서류 매체를 통한 입력 및 출력을 나타낸다. 이 책에서는 출력에 사용한다. |
| | 준비 | 초기화를 나타낸다. |
| | 판단 | 조건 판단을 나타낸다. |
| → | 흐름선 | 제어의 흐름과 실행 순서를 나타낸다. |
| ○ | 연결자 | 제어의 흐름이 다른 곳으로 연결됨을 나타낸다. |

## 1-2 N – S(Nassi-Schneiderman) 차트

논리의 기술에 중점을 두고 도형으로 표현하는 방법으로 박스를 기본요소로
연속, 선택 및 반복 등의 제어 논리구조로 표현한다.

### (1) 순차 구조

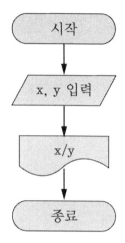

### (2) 선택 구조

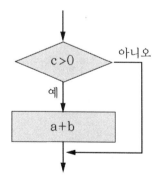

### (3) 반복 구조

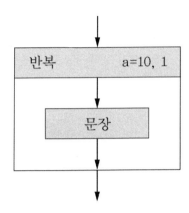

### 1-3 의사코드(Pseudo—code)

이는 어떤 언어를 가상하여 정한 방법이다. 다음은 의사코드에 의한 프로그램 방법이다.

```
SALE_PRICE = PRICE*(1-DISCOUNT _ RATE)
PROFIT=(SALE_PRICE-PURCHASE_PRICE)*AMOUNT
IF PROFIT IS GRATER THAN UPPER_LIMIT
THEN MOVE EXCELLENT_CHARACTER TO ASSESS
GO TO PRINT_ASSESS
END-IF

IF PROFIT IS GRATER THAN LOWER_LIMIT
THEN MOVE BAN_CHARACTER TO ASSESS
```

END-IF

PRINT_ASSESS.
CALL PRINT_RECORD

① 이러한 의사코드의 필요성을 보면, 플로차트는 "어떤 순서로 처리하는 가?(How)" 표현수단, "무엇을 하는가?(What)" 표현 수단으로 부접합 하지만 의사코드는 What과 How를 동시 표현, 문서화, 생각 도구, 자연어와 유사하다는 점에서 필요한 기법이다.

② 의사코드의 표현방법은 다음과 같다.
  판매단가 = 정가*(1 - 할인율)
  이익 = (판매단가 - 구입단가)*수량
  IF(이익 > 목표상한)
  THEN 평가 = "매우 우수"
  ENSE IF(이익 > = 목표하한)
  THEN 평가 = "우수"
  ELSE
  평가 = "불량"
  END - IF
  END - IF
  인쇄하는 부프로그램 CALL

## 1-4 연습문제

1. 알고리즘이란 무엇인가?

2. 순서도란 무엇인가?

3. 순서도를 작성해야 하는 이유는 무엇인가?

4. 순차 구조란 무엇인가?

5. 선택 구조란 무엇인가?

6. 반복 구조란 무엇인가?

MEMO

MEMO

# 02

# 순차형 논리 구조

# 순차형 논리 구조

## 2-1 입출력과 연산자

### (1) 입출력

사용자로부터 데이터를 입력받아 변수에 값을 저장하는 문장이 입력문이다.
다음은 사용자로부터 데이터를 입력받아 변수 a에 저장하는 예이다.

/ a 입력 /

2개의 데이터를 입력받아 a와 b에 순서대로 저장하는 예는 다음과 같다.

/ a, b 입력 /

사용자로부터 하나의 정수를 입력받아 변수 a에 저장하는 C++ 문장은 다음과 같다.

```
cin>>a;
```

그리고 두 개의 정수를 입력받아 변수 a와 b에 저장하는 C++ 문장은 다음과 같다.

```
cin>>a>>b;
```

임의의 값을 프린터에 출력하는 문장이 출력문이다.

다음은 변수 a에 저장된 값을 출력하는 예이다.

그리고 다음은 변수 a와 b에 저장된 값을 출력하는 예이다.

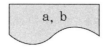

변수 a에 저장된 정수를 출력하는 C++문장은 다음과 같다.

```
cout<< a;
```

그리고 변수 a와 b에 저장된 정수를 출력하는 C++ 문장은 다음과 같다.

```
cout<< a<< b;
```

## (2) 연산자

산술 연산자는 표2와 같다.

[표2]

| 연산자 | 설명 | 사용 예 |
|--------|------|---------|
| + | 더하기 | a + b |
| − | 빼기 | a − b |
| * | 곱하기 | a * b |
| / | 나누기 | a / b |
| % | 나눈 나머지 | a % b |

```
a=a+3;
b=b-3;
c=c*2;
d=d/2;
e=e%2;
```

관계연산자는 표3과 같다.

[표3]

| 연산자 | 설명 | 사용 예 |
|--------|------|---------|
| < | 작다 | a<b |
| > | 크다 | a>b |
| <= | 작거나 같다 | a<=b |
| >= | 크거나 같다 | a>=b |
| == | 같다 | a==b |
| != | 다르다 | a!=b |

```
if(a>b)
if(a<b)
if(a<=b)
if(a>=b)
if(a==b)
if(a!=b)
```

논리연산자는 표4와 같다.

[표4]

| 연산자 | 설명 | 사용 예 |
|---|---|---|
| && | and | (a<0) && (b<0) |
| \|\| | or | (a<0) \|\| (b<0) |
| ! | not | ! (a<=b) |

**프로그램 사용 예**

```
if(a<0) && (b<0)
if(a<0) || (b<0)
if(! (a<=b))
```

증감연산자는 표5와 같다.

[표5]

| 연산자 | 설명 | 사용 예 |
|---|---|---|
| ++ | 증가 | n=3인 경우<br>전위형 : a=++n이면 a=4<br>후위형 : a=n++이면 a=5 |
| -- | 감소 | 전위형 : a=--n이면 a=2<br>후위형 : a=n--이면 a=3 |

**프로그램 사용 예**

```
for(i=0; i<=5; i++)
for(i=5; i>=0; i--)
```

할당연산자는 표6과 같다.

[표6]

| 연산자 | 사용 예 |
|---|---|
| a=3 | a←3 |
| a+=3 | a=a+3 |
| a−=3 | a=a−3 |
| a*=3 | a=a*3 |
| a/=3 | a=a/3 |
| a%=3 | a=a%3 |
| a<<=3 | a=a<<3 |
| a>>=3 | a=a>>3 |
| a&=3 | a=a&3 |
| a^=3 | a=a^3 |
| a\|=3 | a=a\|3 |

**프로그램 사용 중 예**

```
a=3;    // a에 3을 저장
a+=3;  // a값에 3을 더한 결과를 a에 저장
a−=3;  // a값에 3을 뺀 결과를 a에 저장
a*=3;  // a값에 3을 곱한 결과를 a에 저장
a/=3;  // a값에 3을 나눈 결과를 a에 저장
a%=3; // a값에 3을 나눈 나머지를 a에 저장
a<<=3; // a값을 왼쪽으로 3 비트 이동한 결과를 a에 저장
a>>=3; // a값을 오른쪽으로 3 비트 이동한 결과를 a에 저장
a&=3; // a값과 3의 비트값이 서로 대응 값이 모두 1이면 a에 1 저장
a^=3; // a값과 3의 비트값이 서로 대응 값이 모두 다르면 a에 1 저장
a|=3; // a값과 3의 비트값이 서로 대응 값이 하나라도 1이면 a에 1저장
```

비트연산자는 표7과 같다.

[표7]

| 연산자 | 설명 | 사용 예 |
|---|---|---|
| & | 비트 and | 비트 모두 1 일 때 1 |
| \| | 비트 or | 비트 중 1개라도 1이면 1 |
| ^ | 배타 or | 두 비트가 다르면 1 |
| ~ | 비트 부정 | 비트 부정(1이면 0, 0이면 1) |
| << | 비트 왼쪽 이동 | 1비트 이동마다 2의 곱 |
| >> | 비트 오른쪽 이동 | 1비트 이동마다 1/2의 곱 |

**프로그램 사용 중 예**

```
a<<=3; // a값을 왼쪽으로 3 비트 이동한 결과를 a에 저장
a>>=3; // a값을 오른쪽으로 3 비트 이동한 결과를 a에 저장
a&=3; // a값과 3의 비트값이 서로 대응 값이 모두 1이면 a에 1 저장
a^=3; // a값과 3의 비트값이 서로 대응 값이 모두 다르면 a에 1 저장
a|=3; // a값과 3의 비트값이 서로 대응 값이 하나라도 1이면 a에 1 저장
~a; // a의 값이 부정이면 참
```

조건연산자는 표8과 같다.

[표8]

| 연산자 | 설명 |
|---|---|
| c = (a>b) ? a : b | 참일 때 c=a, 거짓일 때 c=b |

**프로그램 사용 중 예**

```
c=(a>b) ? a : b;
```

연산자 우선 순위는 표9와 같다.

[표9]

| 순위 | 연산자 | 설명 |
|---|---|---|
| 1 | ( ) [ ] -> . :: | 좌→우 |
| 2 | ++ -- +(부호) -(부호) sizeof ~ ! * & | 우→좌 |
| 3 | •* / % | 좌→우 |
| 4 | + - | 좌→우 |
| 5 | << >> | 좌→우 |
| 6 | <<= >>= | 좌→우 |
| 7 | == != | 좌→우 |
| 8 | & | 좌→우 |
| 9 | ^ | 좌→우 |
| 10 | | | 좌→우 |
| 11 | && | 좌→우 |
| 12 | \|\| | 좌→우 |
| 13 | ?: | 우→좌 |
| 14 | = *= /=+= -=%=<<= >>= &= ^= \|= | 우→좌 |
| 15 | , | 좌→우 |

**2-2** **예제**

**(1) 입력 받은 두 수로 덧셈과 곱셈 구하기**

5을 변수 a, 10을 변수 b에 각각 입력받는다.

두 변수의 값을 더한 값과 곱한 값 각각을 c, d에 저장한다.

그리고 더한 값과 곱한 값을 저장하고 c와 d변수의 값을 출력한다.

**Flow Chart**

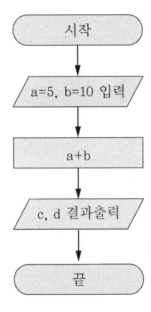

시작

a=5, b=10 입력

a+b

c, d 결과출력

끝

```cpp
#include <iostream>
using namespace std;

int main()
{
int a, b, c, d;
cout<<" 두 정수를 입력하세요!";
        cin>>a>>b;
c=a+b;
d=a*b;
cout<<"덧셈: "<<c<< " 곱셈: "<<d;
return 0;
}
```

처리 과정

두 정수를 입력하세요!  5    10(키보드로 직접 두 개의 값 입력)

덧셈: 15  곱셈: 50

## (2) 입력 받은 두 수로 몫과 나머지 구하기

10을 변수 a, 5를 변수 b에 각각 입력받는다.

두 변수의 값을 곱한 값과 나머지 값 각각을 c, d에 저장한다.

그리고 몫과 나머지 값을 저장하고 c와 d변수의 값을 출력한다.

**Flow Chart**

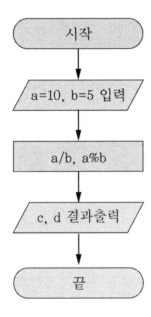

```cpp
#include <iostream>
using namespace std;

int main()
{
int a, b, c, d;
cout<<" 두 정수를 입력하세요!";
        cin>>a>>b;
c=a*b;
d=a%b;
cout<<"몫: "<<c<< " 나머지: "<<d;
return 0;
}
```

처리 과정

두 정수를 입력하세요!  10    5(키보드로 직접 두 개의 값 입력)

몫: 2   나머지: 0

### (3) 입력 받은 3과목의 점수로 합계와 평균 구하기

세 과목의 점수를 입력한다.

입력된 과목 점수를 합산한다.

그리고 합산한 점수를 3으로 나누어 평균을 계산한다.

합계와 평균을 출력한다.

**Flow Chart**

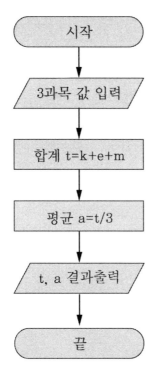

```cpp
#include <iostream>
using namespace std;

int main()
{
int k,e,m,t,a;
cout<<"세 과목의 점수를 입력하세요!";
        cin>>k>>e>>m;
t=k+e+m;
        a=t/3;
cout<<"총점: "<<t<<"  평균: "<<a<<endl;
return 0;
}
```

처리 과정

세 과목의 점수를 입력하세요!  91  95  93(키보드로 직접 세 과목 점수 입력)

총점: 279  평균: 93

## ⑷ 입력 받은 미터값을 km와 m 구하기

미터값을 입력한다.

입력된 값을 1000으로 나누어 km로 먼저 변환한다.

그리고 나머지 m를 구하기 위하여 나머지 연산자(%)를 사용하여 m를 계산한다.

결과를 출력한다.

**Flow Chart**

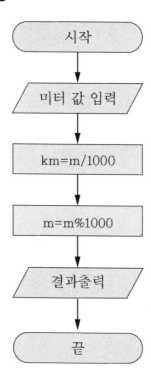

```cpp
#include <iostream>
using namespace std;

int main()
{
int km,m;
cout<<"미터 값을 입력하세요!";
        cin>>m;
km=m/1000;
        m=m%1000;
cout<<km<<"km   "<<m<<"m"<<endl;
return 0;
}
```

처리 과정

미터 값을 입력하세요!   3527(키보드로 직접 미터 값 입력)

3km527m

## (5) 시간 변환하기

초를 시, 분, 초로 변환한다.

초 시간을 입력한다.

입력된 값을 시간으로 변환하기 위해 3600으로 나눈다.

나머지 연산자(%)를 이용하여 나머지를 구한다.

그리고 나머지를 60으로 나누어 분을 계산한다.

마지막으로 연산자(%)를 이용하여 나머지를 구하여 초를 계산한다.

결과를 출력한다.

**Flow Chart**

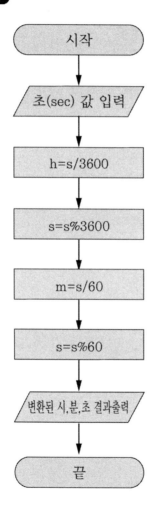

```
#include <iostream>
using namespace std;

int main()
{
int s, m, h;
cout<<"초(sec) 값을 입력하세요!";
        cin>>s;
h=s/3600;
        s=s%3600;
        m=s/60;
        s=s%60;
cout<<h<<"시"<<m<<"분"<<s<<"초"<<endl;
return 0;
}
```

처리 과정

초(sec) 값을 입력하세요!  3680(키보드로 직접 초 값 입력)


1시간1분20초

## ⑹ 연산하기-1(산술연산자)

초기값을 이용하여 연산한다.

a=5, b=6을 각각 저장한다.

a에 2를 곱한다.

b에 4를 더한다.

결과를 출력한다.

Flow Chart

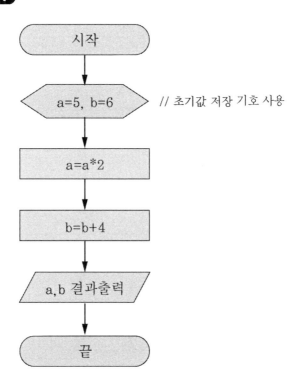

// 초기값 저장 기호 사용

```
#include <iostream>
using namespace std;

int main()
{
int a=5, b=6;
a*= 2;          // a=a*2와 같음 의미
b+= 4;          // b=b+4와 같음 의미
cout<<a<<endl;
cout<<b<<endl;
return 0;
}
```

처리 과정

```
a=10
b=10
```

## (7) 연산하기-2(관계연산자)

초기값을 이용하여 연산한다.

관계연산자(>, <, ==)를 활용하여 결과를 알아본다.

**Flow Chart**

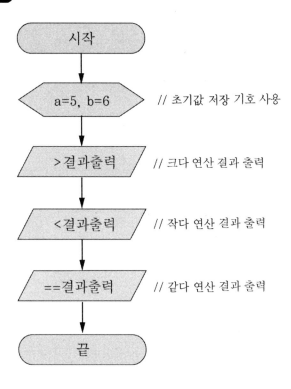

```
#include <iostream>
using namespace std;

int main()
{
int a=5, b=6;
cout<<(a>b)<<endl;
cout<<(a<b)<<endl;
cout<<(a==b)<<endl;
return 0;
}
```

처리 과정

0
1
0

## ⑻ 연산하기-3(논리연산자)

두 개의 변수에 정수값으로 초기값을 저장한다.
논리연산자 3개(&&, ||, !)를 이용하여 각각 연산한다.
결과를 출력한다.

**Flow Chart**

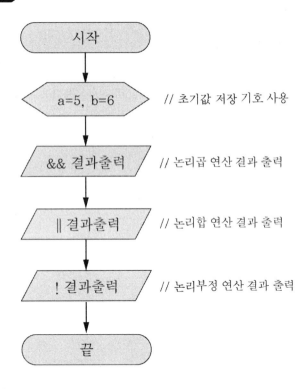

시작

a=5, b=6    // 초기값 저장 기호 사용

&& 결과출력    // 논리곱 연산 결과 출력

|| 결과출력    // 논리합 연산 결과 출력

! 결과출력    // 논리부정 연산 결과 출력

끝

```cpp
#include <iostream>
using namespace std;

int main()
{
    int a=5, b=6;
    cout<<((a>3)&&(b<8))<<endl; // a는 3보다 크다(참) 그리고 b는
            // 8보다 작다(참)    모두 명제가 참이므로 결과는 1
    cout<<((a>3)||(b<8))<<endl;  // a는 3보다 크다(참) 그리고 b는
            // 8보다 작다(참) 적어도 하나의 명제가 참이므로 결과는 1
    cout<<!(a<=3)<<endl;        // a는 3보다 크다(참)의
                                // 부정이므로 결과는 0
    return 0;
}
```

처리 과정

1
1
0

## 2-3 연습 문제

※ 다음 알고리즘을 해결하기 위해 순서도를 만들고 C++언어로 프로그램을 완성하라.

01. 삼각형 넓이를 구하라.

02. 분을 일, 시간, 분으로 표현되게 하라.

03. 두 정수를 입력받아 가감승제 연산을 수행하게 하라.

04. 길이가 5cm인 정육면체의 부피를 구하라.

05. 관계연산자 중 임의의 2개를 이용한 결과를 나타내어라.

06. 논리연산자 중 임의의 2개를 이용한 결과를 나타내어라.

### 01. 어플리케이션 설계 및 개발 (알고리즘) [배점: 30점]

[2014년 정보처리 산업기사 알고리즘 실기 기출문제]

다음은 배열 HEY(4,4)에 아래와 같은 형태로 수를 채우기 위한 알고리즘이다. 빈곳에 맞는 내용을 [답항 보기]에서 찾아 채워라.

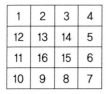

| 1 | 2 | 3 | 4 |
|---|---|---|---|
| 12 | 13 | 14 | 5 |
| 11 | 16 | 15 | 6 |
| 10 | 9 | 8 | 7 |

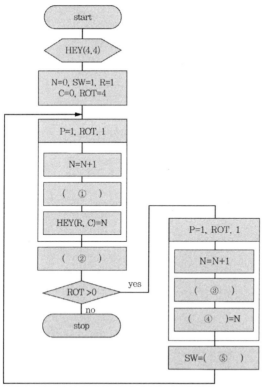

| 1 | R | 2 | HEY | 3 | C = C + SW | 4 | SW + C |
|---|---|---|---|---|---|---|---|
| 5 | ROT | 6 | ROT = ROT + 1 | 7 | C | 8 | 1 |
| 9 | R = R * SW | 10 | HEY(R, C) | 11 | 16−ROT | 12 | SW + N |
| 13 | HEY(C, R) | 14 | HEY + 1 | 15 | SW = SW + 1 | 16 | R=R+SW |
| 17 | R * (−1) | 18 | SW * (−1) | 19 | 0 | 20 | HEY(C) |
| 21 | HEY=HEY−1 | 22 | R = N + C | 23 | 3 | 24 | R = R + C |
| 25 | C = C − SW | 26 | C * (−1) | 27 | HEY(R) | 28 | ROT = HEY + ROT |
| 29 | ROT − 2 | 30 | 2 | 31 | ROT=ROT−2 | 32 | R = R + 1 |
| 33 | HEY(4, 4) | 34 | 16 − R | 35 | SW | 36 | C + SW |
| 37 | N | 38 | HEY = HEY + 1 | 39 | ROT = ROT − 1 | 40 | R = ROT + C |

정답

① C=C+SW

② ROT=ROT−1

③ R=R+SW

④ HEY(R,C)

⑤ SW*(−1)

• 알고리즘의 순서도에 대한 프로그램을 완성시켜라.

MEMO

# 03

# 선택형 논리 구조

# 선택형 논리 구조

## 3-1 선택형 논리 구조란 무엇인가?

### (1) 선택적 논리 구조

지금까지 살펴본 프로그램은 위에서부터 아래로 순차적으로 실행되었다.

```
문장1;
문장2;
  ⋮
```

그러나 이 장에서 살펴볼 선택 구조나 4장에서 살펴볼 반복 구조 등의 제어문을 이용하면 프로그램 실행 순서에 변화를 가져올 수 있다. 우선 선택 구조에 대해 살펴보자.

| 구분 | 시상 기준 | 시상 내역 |
|------|-----------|-----------|
| 대상 | 90점 이상 | 상장, 상품권 20장 |
| 금상 | 80점 이상 | 상장, 상품권 10장 |
| 은상 | 70점 이상 | 상장, 상품권 5장 |
| 동상 | 60점 이상 | 상장, 상품권 3장 |
| 장려 | 50점 이상 | 상장, 상품권 1장 |

다음의 수학 경시대회 시상 기준에 대해 시상 내역을 구하는 프로그램을 작성한다고 하자.

성적에 따라 시상 내역이 달라지는 것을 알 수 있는데, 이와 같이 조건에 따라 처리되는 내용이 달라지는 경우에 선택 구조를 사용한다.

선택 구조는 조건에 따라 둘또는 그 이상의 실행 경로 중에서 하나를 선택할 수 있는 수단을 제공하는 문장이다.

선택 구조는 크게 세 가지 유형으로 나눌 수 있는데 내용을 살펴보자.

상황에 따라 임의의 문장이 실행되어야 하고 실행되지 말아야 하는 경우가 있을 수 있다. 예를 들면 나이가 50이상인 사원들에게는 특별보너스를 추가적으로 지급하고 그렇지 않은 경우에는 특별보너스를 지급하지 않는 경우다.

이런 경우에 사용하는 선택 구조가 첫 번째 유형에 해당된다.

이런 유형을 순서도에 나타내면 다음과 같은데 조건이 참이면 실행문을 실행하고 그렇지 않으면 문장1을 실행하지 않는다.

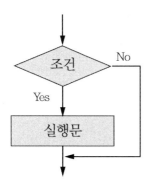

이 내용을 C++언어 형식으로 나타내면 다음과 같다.

```
if (조건)
    실행문;
```

조건에 따라 실행되어야 할 문장이 달라져야 하는 경우가 있다. 예로 나이가 50이상인 사원들에게는 특별보너스를 50만원 지급하고 그렇지 않은 경우에는 특별보너스를 30만원 지급하는 경우다.

이런 경우에 사용하는 선택 구조가 두 번째 유형에 해당된다.

이런 유형을 순서도로 나타내면 다음과 같은데 조건이 참이면 실행문1을 실행하고 그렇지 않으면 실행문2를 실행한다.

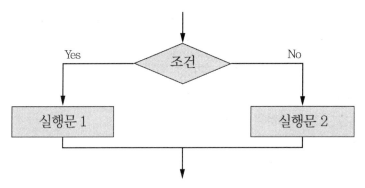

이 내용을 C++언어 형식으로 나타내면 다음과 같다.

```
if (조건)
    실행문1;
else
    실행문2;
```

세 번째 유형은 조건이 거짓인 경우에 또 다른 조건 구조를 연결하는 구조다. 이런 유형을 순서도로 나타내면 다음과 같은데 조건1이 참이면 실행문1을 실행하고 그렇지 않고 조건2가 참이면 실행문2를 실행한다. 만약 두 조건 모두 거짓이면 실행문3을 실행한다.

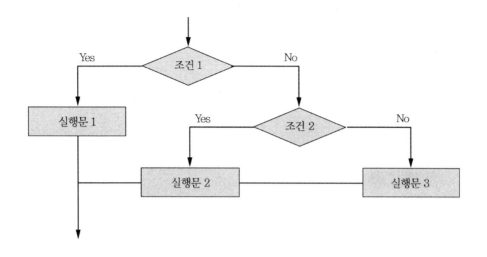

이 내용을 C++언어 형식으로 나타내면 다음과 같다.

```
if (조건1)
    실행문1;
else if (조건2)
    실행문2;
else
    실행문3;
```

## 3-2 예제

### (1) 두 수 중 큰 값 출력하기

두 수를 입력한다.

두 수를 비교하여 큰 값을 찾는다.

결과를 출력한다.

**Flow Chart**

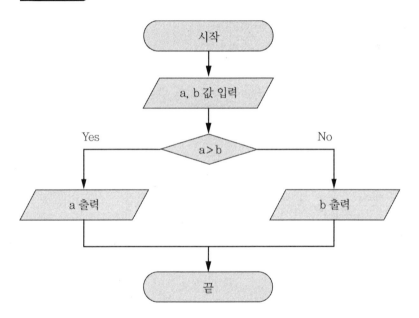

**C++ 프로그램**

```cpp
#include <iostream>
using namespace std;

int main()
{
    int a, b;
    cout<<"정수(2개): ";
    cin>>a>>b;
    if (a>b) {
        cout<<"큰 수:"<< a<<endl; // 조건이 참이면 실행
    } else {
        cout<<"큰 수:"<<b<<endl;  // 조건이 거짓이면 실행
    }
    return 0;
}
```

**처리 과정**

정수(2개):  5 3(키보드로 두 정수 값 입력)


5

## (2) 양수로 바꾸어 출력하기

a값을 입력한다.

a의 값이 0보다 크거나 같으면 그대로 a의 값을 출력한다.

a의 값이 음수일 때 양수로 바꾼다.

그리고 결과를 출력한다.

**Flow Chart**

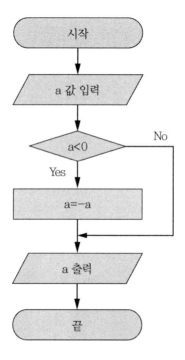

```cpp
#include <iostream>
using namespace std;

int main()
{
    int a;
    cout<<"정수입력: ";
    cin>>a;
    if (a<0)
    a=-a;               // 조건이 참이면 값이 바뀌어 다음 문장 실행
    cout<<a<<endl; // 조건이 거짓이면 바로 위의 문장 하지 않고 실행
    return 0;
}
```

처리 과정

정수입력: -5(키보드로 두 정수 값 입력)

5

## (3) 홀수, 짝수 출력하기

a의 값을 입력한다.

a를 2로 나눈 나머지가 0(짝수)이면 a를 2로 바꾼다.

나머지가 홀수이면 a를 1로 바꾼다.

결과를 출력한다.

**Flow Chart**

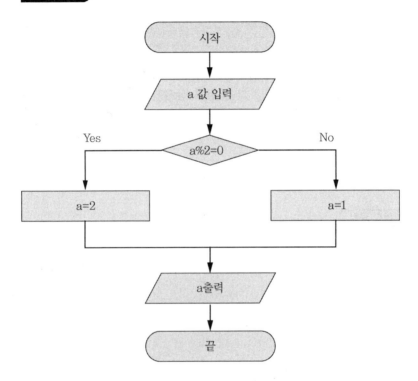

```
#include <iostream>
using namespace std;

int main()
{
    int a;
    cout<<"정수입력: ";
    cin>>a;
    if (a%2==0) {
    a=2;          // 조건이 참이면 a값이 2가되고 출력 문장 실행
    } else {
      a=1;          // 조건이 거짓이면 a값이 1이 되고 출력 문장 실행
      }
    cout<<a<<endl;
    return 0;
}
```

처리 과정

정수입력: 5(키보드로 정수 값 입력)

1

## ⑷ 학점 출력하기

세 과목의 총점 즉 초기값을 258라고 한다.

조건에 따라 평균과 학점을 아래 조건에 따라 출력한다.

<조건>

① 평균이 90점 이상이면 A

② 평균이 90점 미만 80점 이상이면 B

③ 평균이 80점 미만 70점 이상이면 C

④ 그 이외의 경우는 F

### Flow Chart

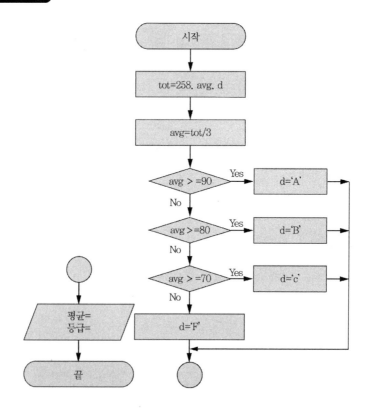

```
#include <iostream>
using namespace std;

int main()
{
    int tot=258;
    int avg;
        char d;
        avg=tot/3;
    if (avg>=90)
    {d=' A' ;}          // 조건이 참이면 d값이 A가 되고 출력 문장 실행
    else if(avg>=80)
        {d=' B' ;}
    else if(avg>=70)
        {d=' C' ;}
    else
        {d=' F' ;}
    cout<< "평균= " <<avg<< " 등급= " <<d<<endl;
    return 0;
}
```

처리 과정

평균= 86 등급=B

## (5) 절대값 출력하기

a의 초기값을 -5를 저장한다.
그것의 절대값을 구한다.
그 결과를 출력한다.

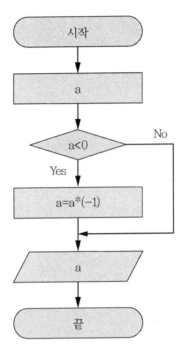

```
#include <iostream>
using namespace std;

int main()
{
    int a=-5;
    if (a<0)
    a=-1*a;          // 조건이 참이면 값이 바뀌어 다음 문장 실행
    cout<<a<<endl; // 조건이 거짓이면 바로 위의 문장 하지 않고 실행
return 0;
}
```

처리 과정

5

## ⑹ 세 수 중 가장 큰 수 찾기

세 수를 입력받는다.

이 중 가장 큰 수를 찾는다.

그 수를 출력한다.

**Flow Chart**

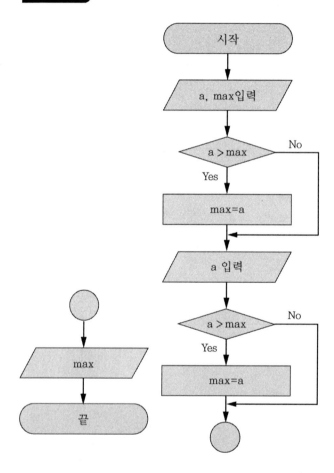

```cpp
#include <iostream>
using namespace std;
int main()
{
    int a, max;
    cout<<"정수: ";
    cin>>max>>a;
    if (a>max)
    max = a;
    cout<<"정수: ";
    cin>>a;
    if (a>max)
    max = a;
    cout<<"가장 큰 수: "<< max;
    return 0;
}
```

처리 과정

정수: 3
정수: 10
정수:7
가장 큰 수: 10

## (7) 거리에 따른 요금 계산하기

아래 표10과 같은 요금 체계를 갖는다.

거리에 따른 요금을 출력한다.

[표10]

| 거리 | 요금 |
|---|---|
| 5km미만 | 1000원 |
| 5km이상~10km미만 | 2000원 |
| 10km이상 | 3000원 |

**Flow Chart**

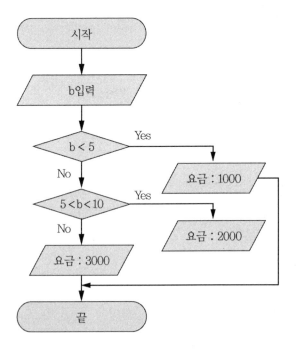

```cpp
#include <iostream>
using namespace std;

int main()
{
    int b;
    cout<<"거리: ";
    cin>>b;
    if (b < 5) {
        cout<<"요금: 1000원\n";
    } else if (b < 10) {
        cout<<"요금: 2000원\n";
    } else {
        cout<<"요금: 3000원\n";
    }
    return 0;
}
```

처리 과정

거리: 6
요금 2000원

## ⑻ 3의 배수와 5의 배수 구하기

정수를 입력한다.

입력된 값이 3의 배수이고 5의 배수인지 확인한다.

3의 배수이고 5의 배수이면 "참" 아니면 "거짓"을 출력한다.

**Flow Chart**

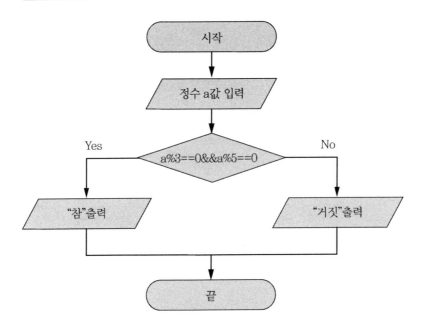

```
#include <iostream>
using namespace std;

int main()
{
    int a;
    cout<<"정수입력: ";
    cin>>a;
    if (a%3==0&&a%5==0) { //조건이 3의 배수고 5의 배수면 참 그
                         //외는 모두 거짓
    cout<< "참" <<endl;
    } else {
      cout<< "거짓" <<endl;
      }
    return 0;
}
```

처리 과정

정수입력: 15(키보드로 정수 값 입력)

참

연습 문제

※ 다음 알고리즘을 해결하기 위해 순서도를 만들고 C++언어로 프로그램을 완성하라.

01. 입력된 정수가 5의 배수인지 확인하라.

02.  3개의 정수 중 가장 큰 값을 찾아라.

03. 입력된 정수가 양수, 0, 음수인지 판별하라.

04. 두 수를 입력받아 작은 수를 출력하라.

05. 나이에 따른 입장료 정하기.

| 나이 | 요금 |
|---|---|
| 8세미만 | 무료 |
| 8세이상 ~ 60세미만 | 정가 |
| 60세이상 | 정가의 50% |

MEMO

MEMO

# 04

# 반복형 논리 구조

# CHAPTER 04

# 반복형 논리 구조

## 4-1 반복형 논리 구조란 무엇인가?

### (1) 반복형 논리 구조

1부터 5까지의 수를 sum에 더하는 절차는 다음과 같다.

```
sum = sum + 1
sum = sum + 2
sum = sum + 3
sum = sum + 4
sum = sum + 5
```

별 문제없다. 그러나 만약 1부터 10000까지의 수를 sum에 더하는 절차를 앞에서와 같이 나타낸다면 문제가 아닐 수 없다.

이와 같이 유사한 동작을 반복할 경우에는 반복구조로 해결하는 것이 바람직하다.

반복 구조란 특정한 부분을 반복해서 실행되게 하는 구조를 의미하는데 우선 다음과 같은 두 가지 구조를 생각해 볼 수 있다.

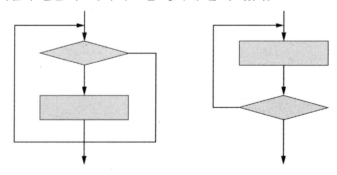

두 구조 모두 조건이 거짓이 될 때까지 문장을 반복해서 수행한다. 두 구
조의 차이는 조건이 참인지 판단을 먼저 하고 반복 문장을 실행하느냐 반
복 문장을 먼저 실행한 후에 조건이 참인지 판단하느냐에 있다.

이 내용을 C++프로그램으로 나타내면 다음과 같다.

```
while (조건)  {                         do  {
    실행문;
}                                      } while (조건) ;
```

다음과 같은 또 다른 유형의 반복 구조가 있다. a가 1로 시작해서 1씩 증
가하며 10이 될 때까지 문장을 반복해서 실행한다. 즉 문장을 10번 반복해
서 실행하게 된다.

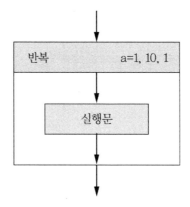

이 내용을 C++프로그램으로 나타내면 다음과 같다.

```
for  (a=1; a<=10; a++)  {
    실행문;
}
```

다음과 같이 반복 구조 안에 또 다른 반복 구조가 포함된 구조를 중첩 반복 구조라 한다.

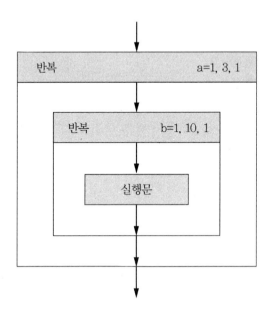

이 내용을 C++프로그램으로 나타내면 다음과 같다.

```
for (a=1; a<=3; a++) {
   for (b=1; b<=10; b++) {
   실행문;
}
}
```

## 4-2 예제

### (1) 1에서 100까지의 합 구하기

초기값을 0으로 한다.

합을 저장할 변수 sum를 지정한다.

1에서 100까지 순차적으로 증가시키면서 합해 가는 과정을 반복한다.

이 반복을 100회 한다.

**Flow Chart**

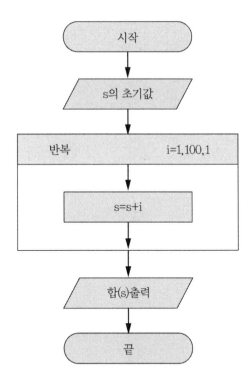

```cpp
#include <iostream>
using namespace std;
int main()
{
    int s=0, i;
    for(i=1; i<=100; i++) {
    s=s+i;
    }
    cout<<s<<endl;
     return 0;
}
```

처리 과정

5050

## (2) 1에서 100까지의 수 중 3배수의 합 구하기

초기값을 0으로 한다.

합을 저장할 변수 sum를 지정한다.

1에서 100까지 순차적(1씩)으로 증가시키면서 3의 배수 값만

합해 가는 과정을 반복한다.

**Flow Chart**

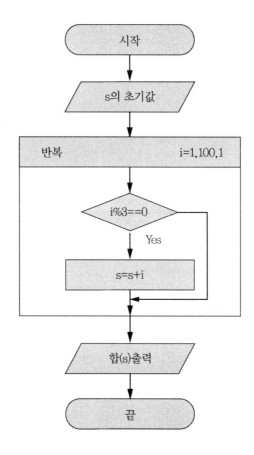

```cpp
#include <iostream>
using namespace std;
int main()
{
    int s=0,i;
    for(i=1; i<=100; i++) {
    if(i%3==0){
        s=s+i;
        }
    }
    cout<<s<<endl;
    return 0;
}
```

처리 과정

1683

## (3) 두 정수를 입력받아 최대공약수 구하기

두 개의 정수를 입력한다.

두 정수에 대한 최대공약수를 구한다.

결과를 출력한다.

**Flow Chart**

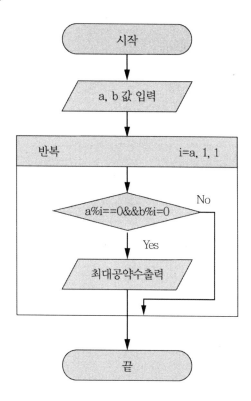

```cpp
#include <iostream>
using namespace std;
int main()
{
    int i;
    int n1, n2;
    cout<<"정수(2개) : ";
    cin>>n1>> n2;
    for(i=n1; i>=1; i--) {
        if(n1%i==0 && n2%i==0) {
            cout<<i<<endl;
        break;
        }
    }
    return 0;
}
```

처리 과정

정수(2개) : 6 8(키보드로 2개의 정수 값 입력. 이 때 값의 구분은 space bar키를 사용) )

2

## (4) 입력한 정수 값의 약수와 약수의 개수 구하기

정수 1개를 입력한다.

입력된 정수의 약수를 찾아 출력한다.

약수의 개수를 더해 간다.

약수의 개수를 출력한다.

**Flow Chart**

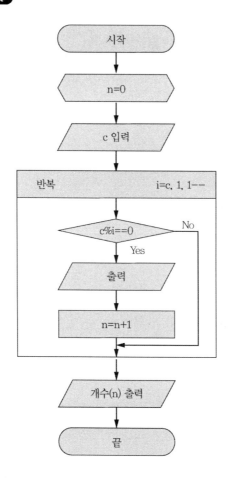

```
#include <iostream>
using namespace std;
int main()
{
    int i;
    int n=0, c;
    cout<<"정수 : ";
    cin>>c;
    for(i=c; i>=1; i--) {
        if(c%i==0) {
            cout<<i<<endl;
    n=n+1;
        }
    }
    cout<< "약수의 갯수 : " <<n<<endl;
    return 0;
}
```

처리 과정

정수 : 10(키보드로 정수 값 입력.)

10
5
2
1
약수의 갯수 : 4

## ⑸ 구구단 구하기

구구단을 완성하기 위해 이중 반복문을 사용한다.
이중 반복문에 사용될 변수 2개(i,j)를 선언한다.
선언한 변수들의 곱을 연산하고 결과를 출력한다.

**Flow Chart**

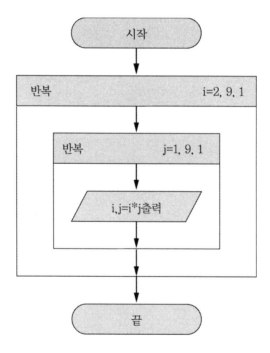

```
#include <iostream>
using namespace std;
int main()
{
    int i;
    for(i=2; i<=9; i++) {
    for(j=1;j<=9;j++) {
        cout<<i<< "*" <<j<< "=" <<i*j<< " " ;
        }
    cout<<endl;
    }
    return 0;
}
```

처리 과정

2*1=2  2*2=6  2*3=6  2*4=8  2*5=10  ......  2*9=18

3*1=3  3*2=6  3*3=9  3*4=12  3*5=15  ......  3*9=27

. . . . . . . . . . . . . . . . . . . .

. . . . . . . . . . . . . . . . . . .

9*1=9  9*2=18  9*3=27  9*4=32  9*5=45  ......  9*9=81

## ⑹ 1부터 100까지의 소수 구하기

소수란 1과 자신만 가지는 양의 자연수이다.

2부터 시작해서 자신보다 1 작은 수까지의 수로 차례로 나누어

떨어지는 경우가 생기지 않으면 수소이다.

이 소수들을 모두 출력한다.

**Flow Chart**

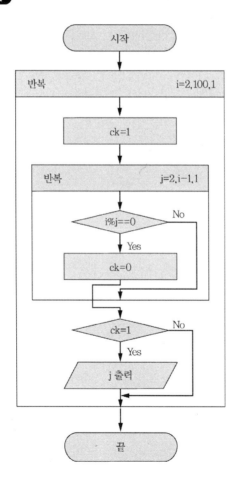

```cpp
#include <iostream>
using namespace std;
int main()
{
    int i, j, ck;
    for(i=2; i<=100; i++) {
        ck=1;
        for(j=2;j<i; j++) {
        if(i%j==0){
          ck=0;
          break;
                }
            }
    if(ck==1){
            cout<<i;
            }
        }
    return 0;
}
```

처리 과정

2 3 5 7 11 13 17.............................................71 73 79 83 97

## (7) 1, (1+2), (1+2+3), .......(1+2+....+10)의 합 구하기

변수 a는 1부터 10까지 1씩 증가한다.

변수 b는 a값 누적한다.

변수 c는 b를 누적한다.

결과 c를 출력한다.

**Flow Chart**

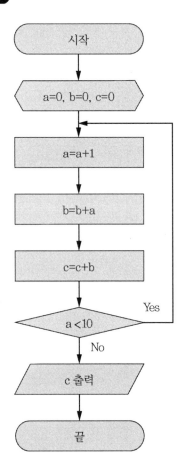

```cpp
#include <iostream>
using namespace std;
int main()
{
    int a=0, b=0,c=0;
    for(a=1; a<=10; a++) {
        b=b+a;
        c=c+b;
    }
cout<<c<<endl;
return 0;
}
```

처리 과정

220

## ⑻ 2의 10승 구하기

초기값을 2로 한다.

2를 10번 곱한 결과이다.

결과를 출력한다.

**Flow Chart**

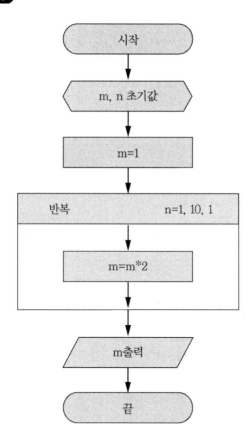

```cpp
#include <iostream>
using namespace std;
int main()
{
    int m=1, n;
    for(n=1; n<=10; n++) {
        m=m*2;
    }
cout<<m<<endl;
return 0;
}
```

처리 과정

1024

## ⑼ a의 b승 구하기

a와 b의 값을 입력받는다.

a를 b번 곱한 결과이다.

결과를 출력한다.

**Flow Chart**

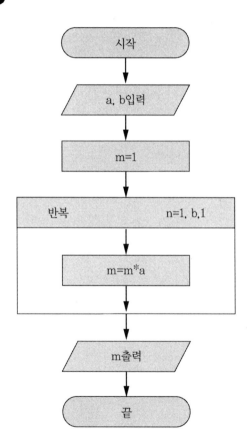

```
#include <iostream>
using namespace std;
int main()
{
int a, b, m=1, n;
cout<<"정수(2개) 입력 :";
cin>>a>>b;
for(n=1; n<=b; n++) {
m=m*a;
}
cout<<m<<endl;
return 0;
}
```

처리 과정

정수(2개) 입력 : 3 10
59049

### ⑽ 펙토리얼 구하기

10펙토리얼(factorial)은 10!로 표시한다.

즉, 1*2*3*4*5*6*7*8*9*10의 합을 의미한다.

결과를 출력한다.

**Flow Chart**

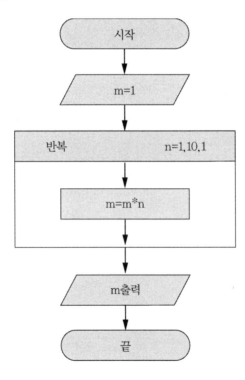

```cpp
#include <iostream>
using namespace std;
int main()
{
int   m=1, n;
for(n=1; n<=10; n++) {
m=m*n;
}
cout<<m<<endl;
return 0;
}
```

처리 과정

3628800

## ⑾ 입력된 정수값 만큼의 펙토리얼 구하기

입력 정수를 저장할 변수를 a라 한다.

입력값이 7이면 즉, 1*2*3*4*5*6*7의 합을 의미한다.

결과를 출력한다.

**Flow Chart**

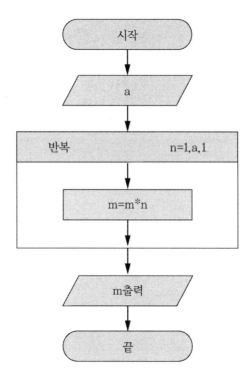

```cpp
#include <iostream>
using namespace std;
int main()
{
int  a, m=1, n;
cout<< "정수값 입력 : " ;
cin>>a;
for(n=1; n<=a; n++) {
m=m*n;
}
cout<<m<<endl;
return 0;
}
```

처리 과정

정수값 입력 : 7
5040

## 4-3 연습 문제

※ 다음 알고리즘을 해결하기 위해 순서도를 만들고 C++언어로 프로그램을 완성하라.

01. 1 1 2 3 5 8 13 21 34 55 89 144 ..... (피보나치 수열 20항 까지)의 출력 구하기.
    (피보나치 수열 : 앞의 두 수의 합이 다음 수가 되는 수열)

02. 1부터 100까지 1씩 증가하면서 홀수인 경우는 덧셈하고 짝수인 경우는 뺄셈하여
    총 결과를 구하기.

03. 1에서 5까지의 정수에 대한 약수 구하기

04. 입력한 정수에 대한 소수 판별하기

05. 아래 모양 만들기
    *
    ***
    ****
    *****

## 4-4 정보처리 산업 기사 기출 문제

### 01. 어플리케이션 설계 및 개발 (알고리즘) [배점: 30점]

[2016년 정보처리 산업기사 알고리즘 실기 기출문제]

<그림>의 미완성 순서도는 1부터 N까지의 합을 구하는 알고리즘이다. 알고리즘이 <처리조건>에 따라 가장 효율적인 알고리즘으로 구현할 수 있도록 (1)~(3)에 해당하는 답을 구하라.

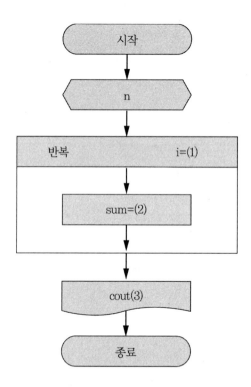

```
┌─────────────〈 처 리 조 건 〉─────────────┐
│  가. n은 양의 정수로 한정한다.                        │
│  나. 반복 형식은 다음과 같은 표현으로 표현한다.          │
│     (초기값, 최종값, 증감값)                          │
│  다. 사용되는 변수에 대한 설명은 다음과 같다.            │
│     n : 입력 변수                                   │
│     sum : 합계를 구하는 변수                          │
└──────────────────────────────────────────┘
```

**정답**

(1)  :  1 n 1

(2)     sum+i

(3)     sum


• 알고리즘의 순서도에 대한 프로그램을 완성시켜라.

MEMO

# 05

# 배열형 논리 구조

# CHAPTER 05

# 배열형 논리 구조

## 5-1 배열형 논리 구조란 무엇인가?

### (1) 배열형 논리 구조

배열형 논리 구조란 한 번에 많은 수의 변수를 생성할 때 동일한 특성과 일정한 규칙을 가진 데이터의 집합을 처리하고자 할 때 아래 그림처럼 사용함으로서 메모리를 효율적으로 활용할 수 있으며 프로그램 작성에도 간결하고 편리하게 사용할 수 있는 기억 공간 구조이다. 배열 구조에는 아래 그림처럼 1차원 배열, 2차원 배열, 3차원배열을 들 수가 있다.

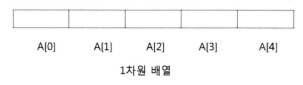

|  |  |  |  |  |
|---|---|---|---|---|
| A[0] | A[1] | A[2] | A[3] | A[4] |

1차원 배열

## ※ 배열의 첨자는 1이 아닌 0으로 시작

2차원 배열은 아래 그림처럼 첨자가 2개인 배열이다.

|  | 1열 | 2열 |
|---|---|---|
| 1행 | a[0][0] | a[0][1] |
| 2행 | a[1][0] | a[1][1] |
| 3행 | a[2][0] | a[2][1] |

배열을 사용하기 위해서는 먼저 배열을 선언해야 한다. 배열 선언의 형식은 데이터 유형, 배열 이름, 배열 크기를 포함한다. 예를 들어 선언문 int A[5]는 배열의 데이터 유형은 정수형이고 이름은 A이며 크기가 5임을 선언하고 있다. 각 배열의 원소는 프로그램에서 단순 변수와 동일하게 취급한다. 예를 들어 어떤 프로그램에서 같은 유형의 데이터 처리를 위해 1000개의 변수가 필요할 때 각기 다른 이름의 변수 1000를 만들어 사용한다면 변수 이름을 a, b, c, d,....정하는 것에만 상당한 시간과 노력이 필요하다. 이렇게 해서 각기 다른 변수를 만들었다 하더라도 프로그램 상에서 사용하기란 더욱 힘들어 질 수 밖에는 없다. 이러한 어려움을 배열이라는 특성을 이용해서 A[1000]이라는 배열 한 번으로 모든 것을 해결할 수 있는 장점이 있다.

## (1) 자신의 배열 요소를 거꾸로 뒤집기

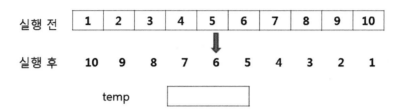

| 실행 전 | 1 | 2 | 3 | 4 | 5 | 6 | 7 | 8 | 9 | 10 |
|---|---|---|---|---|---|---|---|---|---|---|

실행 후   10   9   8   7   6   5   4   3   2   1

temp

**Flow Chart**

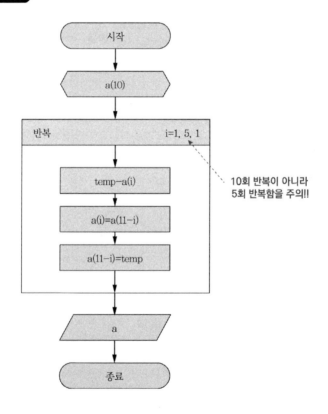

시작

a(10)

반복                                    i=1, 5, 1

temp←a(i)

a(i)=a(11−i)

a(11−i)=temp

10회 반복이 아니라
5회 반복함을 주의!!

a

종료

```cpp
#include <iostream>
using namespace std;
int main()
{
int  i, a[10], temp;
for(i=0; i<10; i++) {   // 1~10까지 a[i]에 저장
        a[i]=i+1;
}
for(i=0; i<5; i++){   //배열의 값을 서로 교환하는 과정
temp=a[i];
a[i]=a[9-i];
a[9-i]=temp;
}
for(i=0;i<10;i++){   // 바뀐 배열 값 출력
cout<<a[i]<<" ";
}
cout<<endl;
return 0;
}
```

처리 과정

10 9 8 7 6 5 4 3 2 1

## (2) 2개의 배열 즉, 배열 A요소를 배열 B에 거꾸로 뒤집기

배열이 2개(a[], b[])가 필요하다.

아래 그림의 배열과 같이 실행 후의 모습으로 출력한다.

| 실행 전 | 1 | 2 | 3 | 4 | 5 | 6 | 7 | 8 | 9 | 10 |
|---|---|---|---|---|---|---|---|---|---|---|

| 실행 후 | 10 | 9 | 8 | 7 | 6 | 5 | 4 | 3 | 2 | 1 |
|---|---|---|---|---|---|---|---|---|---|---|

**Flow Chart**

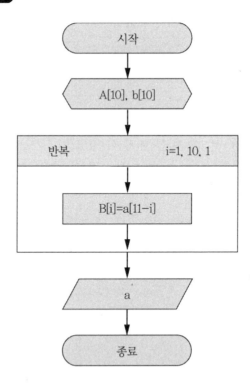

```
#include <iostream>
using namespace std;
int main()
{
int  i, a[10], b[10];
for(i=0; i<10; i++) {   //1~10까지 a[i]에 저장
      a[i]=i+1;
}
for(i=0;i<10;i++){   //배열 a[i]의 값을 배열 b[i]으로 교환하는 과정
b[i]=a[9-i];

}
for(i=0;i<10;i++){ // 결과 출력
cout<<b[i]<<" ";
}
cout<<endl;
return 0;
}
```

## (3) 배열 요소 왼쪽으로 한 칸씩 원형으로 이동하기

배열의 내용을 왼쪽으로 한 칸씩 이동한다.

첫째, 임시 저장할 변수 temp를 만든다.

둘째, temp에 a[1]값을 저장한다.

셋째, a[i]을 a[i-1]에 저장하는 과정 반복한다.

마지막으로 temp값을 a[i]배열의 마지막에 저장한다.

아래 그림의 실행 후처럼 결과를 출력한다.

| 실행 전 | 1 | 2 | 3 | 4 | 5 | 6 | 7 | 8 | 9 | 10 |
|---|---|---|---|---|---|---|---|---|---|---|

| 실행 후 | 2 | 3 | 4 | 5 | 6 | 7 | 8 | 9 | 10 | 1 |
|---|---|---|---|---|---|---|---|---|---|---|

**Flow Chart**

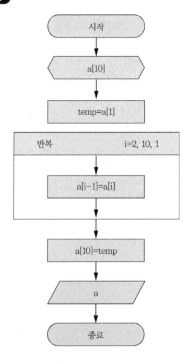

**C++ 프로그램**

```cpp
#include <iostream>
using namespace std;
int main()
{
int  i, a[10], temp;
for(i=0; i<10; i++) {
        a[i]=i+1;
}
temp=a[0];
for(i=0;i<10;i++){
a[i]=a[i+1];
}
a[9]=temp;
for(i=0;i<10;i++){
cout<<a[i]<<" ";
}
cout<<endl;
return 0;
}
```

**처리 과정**

2 3 4 5 6 7 8 9 10 1

## ⑷ 배열 요소를  오른쪽으로 한 칸씩 원형으로 이동하기

배열의 내용을 오른쪽으로 한 칸씩 이동한다.

첫째, 임시 저장할 변수 temp를 만든다.

둘째, temp에 a[10]값을 저장한다.

셋째, a[i−1]을 a[i]에 저장하는 과정 반복한다.

마지막으로 temp값을 a[1]배열의 마지막에 저장한다.

**Flow Chart**

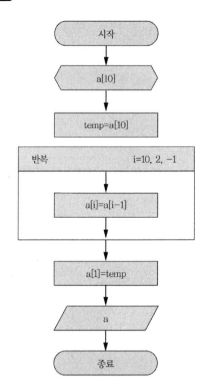

```cpp
#include <iostream>
using namespace std;
int main()
{
int  i, a[10], temp;

for(i=0; i<10; i++) {
        a[i]=i+1;

}
temp=a[9];
for(i=9;i>=0;i--){
a[i]=a[i-1];
}
a[0]=temp;
for)i=0;i<10;i++){
cout<<a[i]<<" ";
}
cout<<endl;
return 0;
}
```

## (5) 10진수를 2진수로 변환하여 배열에 저장하기

예를 들어, 10진수 37을 2진수로 변환하는 과정을 살펴보자.

1. 10진수 37을 2로 나눈다.

2. 나머지가 있으면 1, 없으면 0으로 표시한다.

3. 계속해서 1,2의 과정을 반복한다.

4. 몫이 더 이상 나누어 질 수 없으면 마무리한다.

5. 나머지의 값을 역순으로 읽는다.

**Flow Chart**

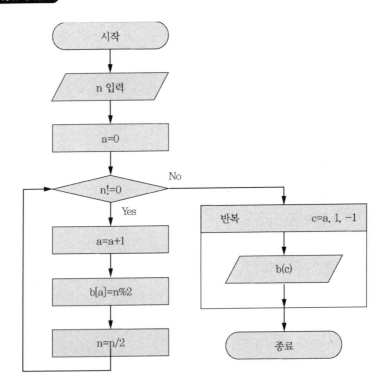

**C⁺⁺ 프로그램**

```
#include <iostream>
using namespace std;
int main()
{
int   i, a[20], n, c;
cout<< "10진수 입력 : ";
cin>>n;
for(i=0; n>0; i++) {
        a[i]=n%2;
        n=n/2;
}

for(c=i-1;c>=0;c--){
cout<<a[c]<<" ";
}
cout<<endl;
return 0;
}
```

**처리 과정**

10진수 입력 : 15( 」보드로 직접 입력)
1 1 1 1

## (6) 배열에 저장된 2진수를 10진수로 변환하기(5자리 가정)

1차원배열 b[5]에 초기값 {1,0,0,0,1}을 저장한다.

저장된 값을 10진수 변환을 위해 25-a 계산을 5회 반복한다.

반복할 때마다 계산된 값을 누적시켜 간다.

결과를 출력한다.

**Flow Chart**

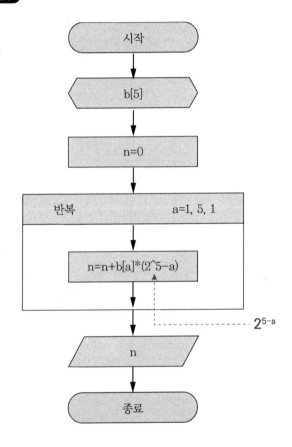

```cpp
#include <iostream>
using namespace std;
int main()
{
int  n=0, b[5]={1,0,0,0,1}, a, c, temp;
for(a=1; a<=5; a++) {
        temp=1;

for(c=1;c<=5-a;c++)
temp=temp*2;
n=n+b[a-1]*temp;
}
cout<<n<<endl;
return 0;
}
```

### (7) 배열에 저장된 8진수를 10진수로 변환하기(5자리 가정)

1차원배열 b[5]에 초기값 {5,6,7,4,3}을 저장한다.

저장된 값을 10진수 변환을 위해 85-a 계산을 5회 반복한다.

반복할 때마다 계산된 값을 누적시켜 간다.

결과를 출력한다.

**Flow Chart**

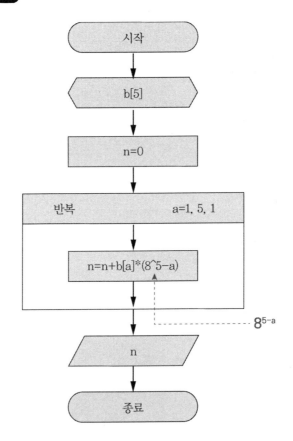

**C++ 프로그램**

```cpp
#include <iostream>
using namespace std;
int main()
{
int  n=0, b[5]={5,6,7,4,3}, a, c, temp;
for(a=1; a<=5; a++) {
        temp=1;

for(c=1;c<=5-a;c++)
temp=temp*8;
n=n+b[a-1]*temp;
}
cout<<n<<endl;
return 0;
}
```

**처리 과정**

24035

## 5-3  탐색(Search)

### (1) 순차탐색

탐색이란 컴퓨터에 저장된 여러 데이터 중에서 어떤 조건이나 성질을 만족하는 데이터를 찾는 과정이라고 정의한다.

탐색(검색) 방법으로는 무작위로 섞여 있는 데이터를 순차(선형)적으로 탐색과 특정 규칙에 따라 정렬된 데이터를 이진 탐색하는 방법이 있다.

아래 그림의 데이터 집합에서 선형 탐색을 이용해 데이터 7을 순차 탐색하는 과정을 알아보자.

| 15 | 19 | 5 | 7 | 13 |
|----|----|---|---|----|

① 첫 번째 데이터인 15와 7을 비교 값이 다르므로 다음으로 이동한다.

② 두 번째 데이터인 19와 7을 비교 값이 다르므로 다음으로 이동

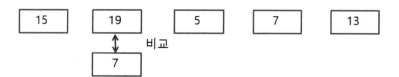

③ 세 번째 데이터인 5와 7을 비교 값이 다르므로 다음으로 이동

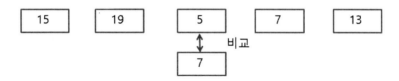

④ 네 번째 데이터인 7과 7을 비교 값이 같으므로 탐색 종료

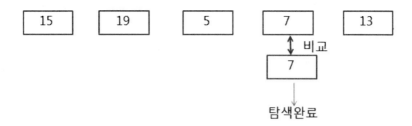

⑤ 만약 마지막까지 찾는 데이터가 없으면 실패로 종료

## (2) 이진탐색

이진 탐색(Binary search)은 정렬된 데이터 집합을 이분화하면서 탐색하는 방법을 의미한다.

아래 그림은 데이터 집합에서 이진 탐색을 이용해 데이터 9를 탐색하는 과정을 보여 준다.

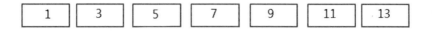

① 첫 번째 탐색 영역(1~13) 중간에 위치한 데이터인 7과 9를 비교한다.

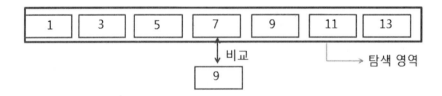

② 두 번째 단계로 첫 번째 탐색 영역(1~13) 중간의 위치한 데이터인 7보다 9가 크므로 오른쪽에 위치한 데이터들에 대해 이진 탐색을 수행하고 다음 단계에서는 탐색 영역(9~13)의 중간에 위치한 11과 9를 비교한다.

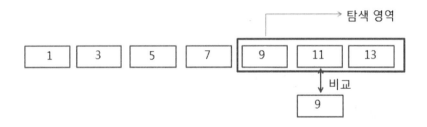

③ 세 번째 단계로 11보다 9가 작으므로 11보다 왼쪽에 위치한 데이터들에 대해 다시 한 번 이진 탐색을 수행한다. 새로운 영역의 중간에 위치한 9와 9를 비교하여 찾고자 하는 데이터이므로 탐색을 종료한다.

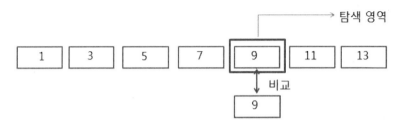

④ 마찬가지로 찾고자 하는 데이터가 없으면 탐색 실패로 종료한다.

## 5-4  정렬(Sort)

데이터의 순서에 상관없이 배열된 데이터를 일정 규칙에 따라 배열하는 과정을 의미한다. 선택정렬, 버블정렬, 삽입정렬, 퀵정렬, 힙정렬, 셸정렬 등 많은 정렬의 종류가 있다. 여기서는 선택정렬의 오름차순과 버블정렬의 오름차순에 관하여 학습한다. 선택정렬은 최대(최소)를 탐색하는 것을 반복 비교횟수는 많지만 교환 횟수는 상대적으로 적은 편에 속한다. 버블 정렬은 인접하는 2항을 차례대로 교환 원리는 간단하지만 교환 횟수가 많다.

### (1) 선택정렬(오름차순)

선택정렬의 오름차순은 가장 작은 데이터를 찾아 가장 앞의 데이터와 교환해 가는 방식이다. 아래 그림처럼 a[5]의 배열에 {15, 11, 1, 3, 8}의 데이터가 저장되어 있으며, 이를 오름차순 방식을 통하여 1,3,8,11,15 순으로 정렬하게 된다. 그리고 임시 저장과 가장 낮은 값을 저장하기 위해 변수를 2개 둔다. 정렬의 절차는 다음과 같다.

① 정렬 1회(i=0, j=1~4) 반복할 때의 과정과 반복 후의 배열 결과는 아래 2개의 그림 상태에서 볼 수 있다.

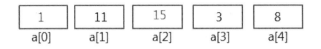

1회 반복 과정 후 의 배열 상태

② 정렬 2회(i=1 j=2~4) 반복할 때의 과정과 반복 후의 배열 결과는 아래 그림들의 상태에서 볼 수 있다.

**정렬 1회(i=0, j=1~4) 반복 후의 배열 상태**

| 1 | 11 | 15 | 3 | 8 |
|---|----|----|---|---|
| a[0] | a[1] | a[2] | a[3] | a[4] |

위 1회 반복 후의 배열 그림의 상태에서 다시 2회 반복 과정이 실시된다.

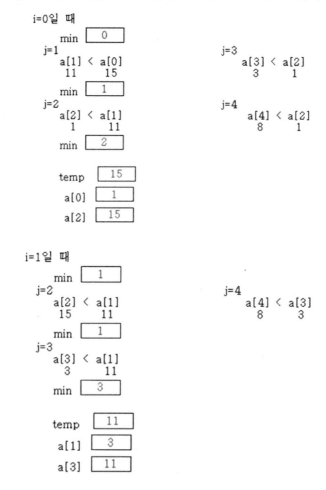

정렬 2회(i=1, j=2~4) 반복 후의 배열 상태

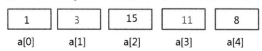

③ 정렬 3회(i=2 j=3~4) 반복할 때의 과정과 반복 후의 배열 결과는 아래 그림들의 상태에서 볼 수 있다.

정렬 2회(i=1, j=2~4) 반복 후의 배열 상태

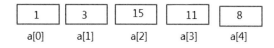

위 2회 반복 후의 배열 그림의 상태에서 다시 3회 반복 과정이 실시된다.

i=2일 때

    min   2

j=3

    a[3] < a[2]
    11     15

    min   3

j=4

    a[4] < a[3]
    8     11

    min   4

    temp   15

    a[2]   8

    a[4]   15

## 정렬 3회(i=2, j=3~4) 반복 후의 배열 상태

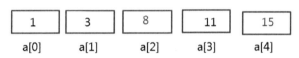

④ 정렬 4회(i=3 j=4) 반복할 때의 과정과 반복 후의 배열 결과는 아래 그림들의 상태에서 볼 수 있다.

## 정렬 3회(i=2, j=3~4) 반복 후의 배열 상태

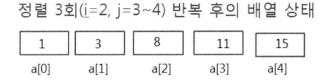

위 3회 반복 후의 배열 그림의 상태에서 다시 4회 반복 과정이 실시된다. 반복 횟수가 늘어날수록 처리 과정은 점점 짧아짐을 확인할 수 있다.

i=3일 때

min  3

j=4

a[4] < a[3]

15    11

min  3

temp  11

a[3]  11

a[4]  15

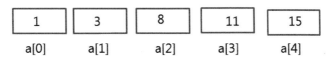

정렬 4회(i=3, j=4) 반복 후의 배열 상태

| 1 | 3 | 8 | 11 | 15 |
|---|---|---|----|----|
| a[0] | a[1] | a[2] | a[3] | a[4] |

4회 반복 후 오름차순으로 최종 정렬되었음을 볼 수 있다.

그리고 반복됨에 따른 배열의 내용이 변화되는 과정은 아래의 그림과 같다.

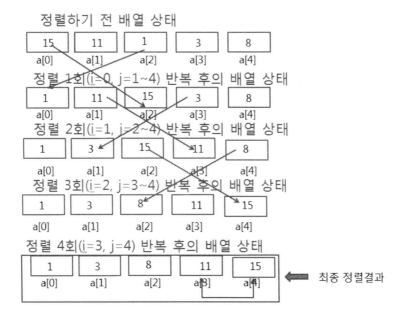

## (2) 버블정렬(오름차순)

버블정렬의 오름차순은 순차정렬과 다르게 서로 이웃한 데이터들을 비교하며 가장 큰 데이터를 배열의 맨 마지막으로 보내는 방식이다.

아래 그림의 배열은 배열되기 전의 상태를 보여 주고 있다.

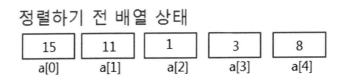

정렬의 절차는 다음과 같다.

①-① 1회 반복 중 첫 번째 비교

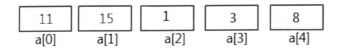

①-② 1회 반복 중 두 번째 비교

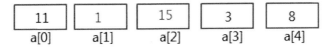

①-③ 1회 반복 중 세 번째 비교

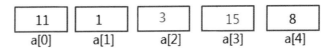

①-④ 1회 반복 중 네 번째 비교

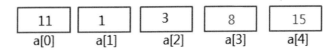

1회 전체(4회)가 마무리된 배열의 상태는 아래와 같다.

| 11 | 1 | 3 | 8 | 15 |
|----|----|----|----|----|
| a[0] | a[1] | a[2] | a[3] | a[4] |

②-① 2회 반복 중 첫 번째 비교

| 1 | 11 | 3 | 8 | 15 |
|----|----|----|----|----|
| a[0] | a[1] | a[2] | a[3] | a[4] |

②-② 2회 반복 중 두 번째 비교

| 1 | 3 | 11 | 8 | 15 |
|----|----|----|----|----|
| a[0] | a[1] | a[2] | a[3] | a[4] |

②-③ 2회 반복 중 세 번째 비교

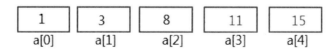

| 1 | 3 | 8 | 11 | 15 |
|----|----|----|----|----|
| a[0] | a[1] | a[2] | a[3] | a[4] |

②-④ 2회 반복 중 네 번째 비교

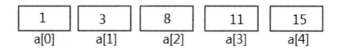

| 1 | 3 | 8 | 11 | 15 |
|----|----|----|----|----|
| a[0] | a[1] | a[2] | a[3] | a[4] |

최종 정렬된 배열의 결과이다.

| 1 | 3 | 8 | 11 | 15 |
|----|----|----|----|----|
| a[0] | a[1] | a[2] | a[3] | a[4] |

## (3) 병합정렬(오름차순)

병합정렬의 오름차순은 정렬된 두 개의 배열에 저장되어 있는 데이터를 한 개의 정렬된 데이터들로 만드는 방식이다.

아래 그림의 2개의 배열은 배열되기 전의 상태를 보여 주고 있다.

| 1 | 3 | 5 | 7 |
|---|---|---|---|
| a[0] | a[1] | a[2] | a[3] |

| 3 | 4 | 8 | 9 |
|---|---|---|---|
| b[0] | b[1] | b[2] | b[3] |

2개의 배열을 7 단계의 정렬과정을 반복하면서 마지막 7단계를 끝내면 새로운 병합된 정렬을 얻게 된다.

①단계

| 1 | | | | | | | |
|---|---|---|---|---|---|---|---|

②단계

| 1 | 3=b[0] | | | | | | |
|---|---|---|---|---|---|---|---|

③단계

| 1 | 3=b[0] | 3=a[0] | 4 | | | | |
|---|---|---|---|---|---|---|---|

④단계

| 1 | 3 | 3 | 4 | 5 | | | |
|---|---|---|---|---|---|---|---|

⑤단계

| 1 | ·3 | 3 | 4 | 5 | 6 | | |
|---|---|---|---|---|---|---|---|

⑥단계

| 1 | 3 | 3 | 4 | 5 | 6 | 7 | |
|---|---|---|---|---|---|---|---|

⑦단계

| 1 | 3 | 3 | 4 | 5 | 6 | 7 | 10 |
|---|---|---|---|---|---|---|---|

**탐색, 정렬 예제**

**(1) 순차(선형)탐색**

10개의 데이터 집합에서 선형 탐색을 이용해 데이터 11을 탐색하는 과정
을 알아본다.

배열a[10]에 데이터를 31, 55, 60, 24, 88, 79, 10, 11, 41, 62를 저장한다.

탐색 작업을 순차적으로 반복하며 10개의 데이터 중에서 11을 탐색한다.

탐색이 성공하면 결과를 출력한다.

만약 탐색이 실패하면 실패라고 출력한다.

**Flow Chart**

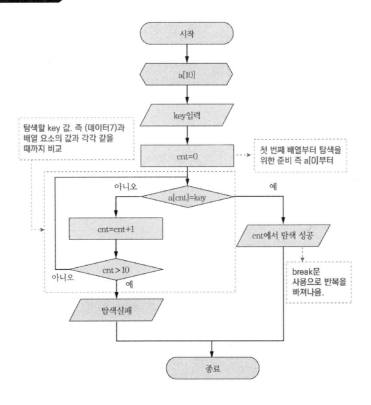

```cpp
#include <iostream>
using namespace std;
int main()
{
int   a[10]={31,55,60,24,88,79,10,11,41,62};
int key, cnt;
cout<< "탐색하고 싶은 정수 입력 : " ;
cin>>key;
for(cnt=0; cnt<10; cnt++) {
        if(a[cnt]==key){
        cout<<cnt+1<< "번째 탐색성공" <<endl;
        break;
    }
}
if(cnt==10){
cout<<"탐색실패 "<<endl;
}
cout<<endl;
return 0;
}
```

처리 과정

탐색하고 싶은 정수 입력 : 62(키보드로 직접 입력)

10번째 탐색성공

## (2) 이진탐색

10개의 데이터 집합에서 이진 탐색을 이용해 데이터 11을 탐색하는 과정을 알아본다.

배열a[10]에 데이터를 31, 55, 60, 24, 88, 79, 10, 11, 41, 62를 저장한다.

탐색 작업을 반복하며 10개의 데이터 중에서 11을 탐색한다.

탐색이 성공하면 결과를 출력한다.

만약 탐색이 실패하면 실패라고 출력한다.

**Flow Chart**

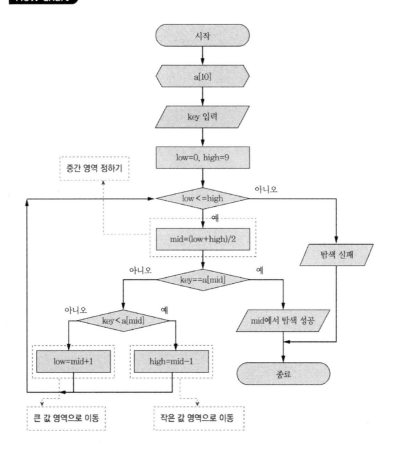

```cpp
#include <iostream>
using namespace std;
int main()
{
int   a[10]={31,55,60,24,88,79,10,11,41,62};
int key, low, high, mid;
cout << "key : " ;
cin >>key;
low=0;
high=9;
while(low<=high) {
        mid=(low+high)/2;
        if(key==a[mid]){
        cout <<mid<< "에서 탐색성공" <<endl;
        break;
    }else if(key<a[mid]){
        high=mid-1;
}else{
low=mid+1;
}
}
if(low>high)
cout <<"탐색실패 "<<endl;
return 0;
}
```

처리 과정

탐색하고 싶은 정수 입력 : 88(키보드로 직접 입력)

4에서 탐색성공

## (3) 선택정렬(오름차순)

데이터 {2,5,3,6,4,1}이 저장되어 있는 배열 a[6]가 있다.

이를 선택정렬 오름차순 방식을 통하여 1,2,3,4,5,6 순으로 정렬되게 한다.

그리고 임시 저장과 가장 낮은 값을 저장하기 위해 변수를 2개 둔다.

결과를 출력한다.

**Flow Chart**

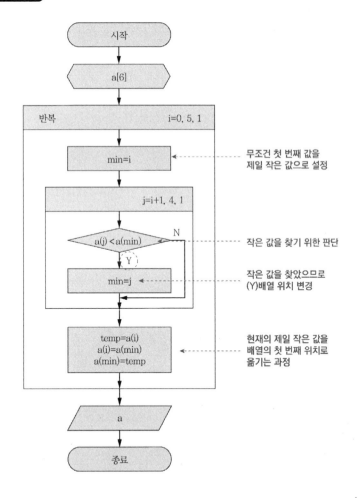

```
#include <iostream>
using namespace std;
int main()
{
int  a[6]={2,5,3,6,4,1};
int i, j, min, temp;
for(i=0; i<5; i++) {
min=i;
for(j =i+1;j<6 ; j++) {
        if(a[j]<a[min]) {
min=j;
}
}
temp=a[i];
a[i]=a[min];
a[min]=temp;
}
    for(i=0;i<6;i++) {
cout<<a[i]<<" ";
    }
cout<<endl;
    return 0;
}
```

처리 과정

1 2 3 4 5 6

## ⑷ 버블정렬(오름차순)

데이터 {2,5,3,6,4,1}이 저장되어 있는 배열 a[6]가 있다.
이를 버블정렬 오름차순 방식을 통하여 1,2,3,4,5,6 순으로 정렬되게 한다.
그리고 변경을 위해 해당 값을 임시로 저장하기 위해 변수를 1개 둔다.
결과를 출력한다.

**Flow Chart**

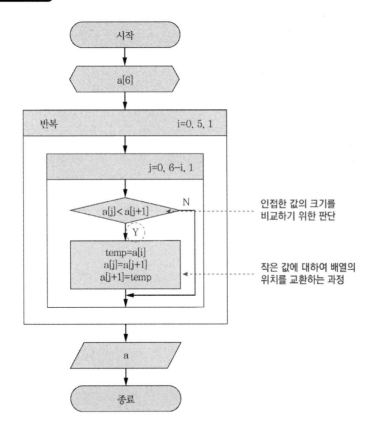

```
#include <iostream>
using namespace std;
int main()
{
int   a[6]={2,5,3,6,4,1};
int i,j,temp;
for(i=0; i<5; i++) {
for(j=0;j<5;j++){
if(a[j]>a[j+1]){
temp=a[j];
a[j]=a[j+1];
a[j+1]=temp;
}
}
}
    for(i=0;i<=5;i++){
cout<<a[i]<<" "
    }
cout<<endl;
    return 0;
}
```

처리 과정

1 2 3 4 5 6

## (5) 병합정렬(오름차순)

정렬되지 않는 두 배열, 즉 a[4]= {8,3,4,7}, b[4]= {6,13,1,17}을 병합정
렬을 이용하여 오름차순으로 정렬한다.

새롭게 정렬되어 정장할 배열 c[8]을 준비한다.

그리고 정렬을 위해 앞서 새롭게 준비된 배열c[8]에 2개의 배열 즉, a[4]
를 먼저 저장하고 그 다음 b[4] 저장 값을 옮긴다. 그리고 병합정렬 한다.
결과를 출력한다.

**Flow Chart**

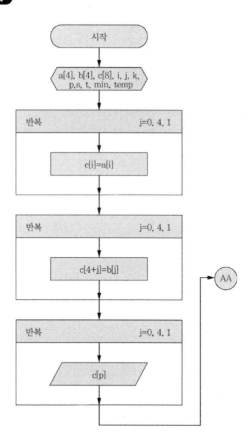

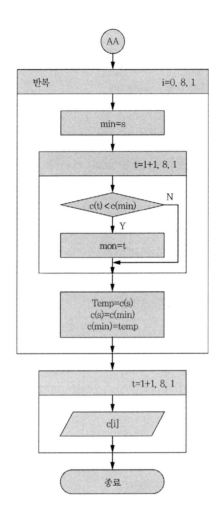

▎알고리즘 학습을 위한 순서도와 C++

```
#include <iostream>
using namespace std;
int main()
{
int   a[4]={8,3,4,7},  b[4]={6,13,1,17},  c[8];
int i,j,p,s,t,min,temp;
for(i=0; i<4; i++)
{
c[i]=a[i];
}
for(j=0;j<4;j++)
{
c[4+j]=b[j];
}
for(p=0; p<8; p++) {
cout<<c[p]<<" "
}
   cout<<endl;
for(s=0;s<8;s++){
min=s;
for(t=s+1; t<8;t++)
{
if(c[t]<c[min]){
min=t;}
```

```
        }
    temp=c[s];
    c[s]=c[min];
    c[min]=temp;
        }


        for(i=0;i<8;i++){
    cout<<c[i]<<" "
            }
    cout<<endl;
        return 0;
        }
```

처리 과정

1 3 4 6 7 8 13 17

## ⑹ * 모양으로 아래의 삼각형 만들기

```
*
**
***
****
*****
```

위의 결과를 얻기 위하여 첫 줄에 * 한 개를 출력한다.
반복할 때 마다 *를 한 개씩 증가한다.
결과를 출력한다.

**Flow Chart**

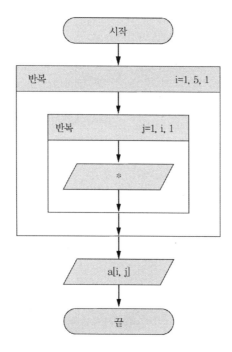

```cpp
#include <iostream>
using namespace std;
int main()
{
int i, j;
for (i=1; i<=5; i++)
{
for(j=1; j<=i; j++)
    {
    cout<<"*";
    }
cout<<endl;
}
return 0;
}
```

## (7) * 모양으로 아래의 삼각형 만들기

```
    *
   **
  ***
 ****
*****
```

위의 결과를 얻기 위하여 첫 줄에 * 한 개를 출력한다.

반복할 때 마다 *를 한 개씩 증가한다.

결과를 출력한다.

**Flow Chart**

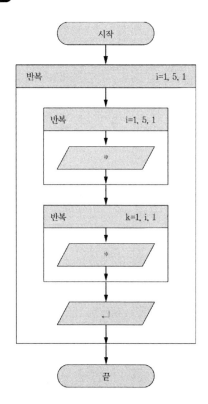

```cpp
#include <iostream>
using namespace std;
int main()
{
int i, j, k;
for (i=1; i<=5; i++)
{

for(j=i; j<=5; j++)
   {
   cout<<" ";
   }
for(k=1;k<=i; k++){
   cout<<"*";

}
cout<<endl;
}
return 0;
}
```

처리 과정

```
    *
   **
  ***
 ****
*****
```

## ⑻ 2차원 배열 구조에 정수 채우기

| 1 | 2 | 3 | 4 | 5 |
|---|---|---|---|---|
| 6 | 7 | 8 | 9 | 10 |
| 11 | 12 | 13 | 14 | 15 |
| 16 | 17 | 18 | 19 | 20 |
| 21 | 22 | 23 | 24 | 25 |

위의 결과를 얻기 위하여 첫 줄이 1열이 되고 열 증가 5회마다
행이 1회 반복된다.(총 5*5=25회)
반복할 때 마다 배열의 각 방에 해당 숫자가 1씩 증가되어 저장한다.
결과를 출력한다.

**Flow Chart**

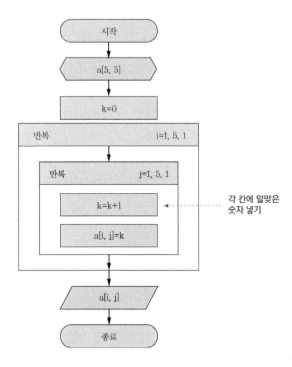

```cpp
#include <iostream>
using namespace std;
int main()
{
    int a[5][5];
    int i, j, k=0;
    for(i=0; i<5; i++) {
        for(j=0; j<5; j++) {
            k = k+1;
            a[i][j] = k;
        }
    }
    for(i=0; i<5; i++) {
        for(j=0; j<5; j++) {
            cout << a[i][j];
        }
        cout <<endl;
    }
    return 0;
}
```

처리 과정

| 1 | 2 | 3 | 4 | 5 |
|----|----|----|----|----|
| 6 | 7 | 8 | 9 | 10 |
| 11 | 12 | 13 | 14 | 15 |
| 16 | 17 | 18 | 19 | 20 |
| 21 | 22 | 23 | 24 | 25 |

## ⑼ 2차원 배열 구조에 오른쪽 끝에서부터 정수 채우기

| 5 | 4 | 3 | 2 | 1 |
|----|----|----|----|----|
| 10 | 9 | 8 | 7 | 6 |
| 15 | 14 | 13 | 12 | 11 |
| 16 | 17 | 18 | 19 | 20 |
| 25 | 24 | 23 | 22 | 21 |

위의 결과를 얻기 위하여 왼쪽 열 감소 5회마다 행 증가 1회 반복한다.

이중 반복을 사용된다.(총 5*5=25회)

반복할 때 마다 배열의 각 방에 해당 숫자가 저장된다.

결과를 출력한다.

**Flow Chart**

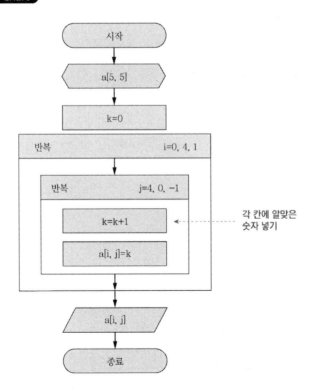

```
#include <iostream>
using namespace std;
int main(){
int a[5][5];
int i, j, k=0;
for(i=0; i<5; i++) {
for(j=4; j>=0; j--) {
k = k+1;
a[i][j] = k;
}
}
for(i=0; i<5; i++) {
for(j=0; j<5; j++) {
cout<< a[i][j]<<" ";
}
cout<<endl;
}
return 0;
}
```

처리 과정

| 5 | 4 | 3 | 2 | 1 |
|----|----|----|----|----|
| 10 | 9 | 8 | 7 | 6 |
| 15 | 14 | 13 | 12 | 11 |
| 16 | 17 | 18 | 19 | 20 |
| 25 | 24 | 23 | 22 | 21 |

⑽ 2차원 배열 구조에 특정 영역(5,2),(4,3),(5,3),(5,4)를 제외한 정수 채우기

| 17 | 13 | 10 | 6 | 5 |
|---|---|---|---|---|
| 18 | 14 | 11 | 7 | 4 |
| 19 | 15 | 12 | 8 | 3 |
| 20 | 16 |  | 9 | 2 |
| 21 |  |  |  | 1 |

위의 결과를 얻기 위하여 모든 원소에 초기값을 0으로 한다.

a[5][5]에서 중심이 되는 열 번호3을 먼 구한다.

5열부터 1열까지 반복을 사용된다.

열 번호 i가 3보다 큰 지의 여부에 따라 j값이 다르게 선택된다.

1행부터 j행까지 반복한다.

1증가된 정수값을 현재의 행렬 위치의 방에 저장한다.

결과를 출력한다.

**Flow Chart**

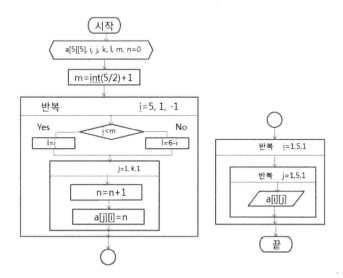

```cpp
#include <iostream>
using namespace std;
int main()
{
int a[5][5]={0},i, j, l, m, n=0;
m=int(5/2)+1;

for(i=4; i>=0; i--) {
if(i>(m-1))
l=i;
else
l=4-i;
for(j=0; j<=l; j++) {
n = n+1;
a[j][i] = n;
}
}
for(i=0; i<5; i++) {
for(j=0; j<5; j++) {
cout<< a[i][j]<<" ";

}
cout<<endl;
}
return 0;
}
```

처리 과정

| 17 | 13 | 10 | 6 | 5 |
|----|----|----|---|---|
| 18 | 14 | 11 | 7 | 4 |
| 19 | 15 | 12 | 8 | 3 |
| 20 | 16 | 0 | 9 | 2 |
| 21 | 0 | 0 | 0 | 1 |

※ 다음 알고리즘을 해결하기 위해 순서도를 만들고 C++언어로 프로그램을 완성하라.

01. 배열 요소 오른쪽으로 한 칸씩 원형으로 이동하기


02. 아래 모양 출력하기

```
      1
    2   3
   4  5  6
```


03. 배열a[10]에 저장된 데이터 31,55,60,24,88,79,10,11,41,62 중 88을 이진탐색으로 탐색하기.


04. 데이터 {2,5,3,6,4,1}이 저장되어 있는 배열 a[6]가 있다. 선택정렬을 이용하여 내림차순으로 정렬하여 출력하라.


05. 데이터 {2,5,3,6,4,1}이 저장되어 있는 배열 a[6]가 있다. 버블정렬을 이용하여 내림차순으로 정렬하여 출력하라.

**정보처리 산업 기사 기출 문제**

### 01. 어플리케이션 설계 및 개발(알고리즘) [배점: 30점]

[2014년 3회 정보처리 산업기사 알고리즘 실기 기출문제]

다음은 부호를 포함하여 8비트로 표현된 2진수 값을 10진수로 변환하여 출력하기 위한 알고리즘이다. 제시된 <그림>의 괄호 안 내용 (1)~(5)에 가장 적합한 항목을 <답항 보기>에서 선택하여 답안지의 해당번호 (1)~(5)에 각각 마크하시오.

───〈처 리 조 건〉───

- <그림>에 제시되어 있는 알고리즘과 연계하여 가장 적합한 로직으로 구현될 수 있도록 답안 선택 시 유의하시오.
- 8비트 이진수 값의 최상위 비트는 부호 비트이며, 최상위 비트의 값이 0 인 경우 양수이고 1인 경우 음수이다.(단, 음수의 경우 2의 보수로 표현 된 값이다.)
- 8비트 이진수 값은 크기가 8인 배열 S에 S(1)부터 S(8)에 순차적으로 저 장되어 있다. (즉, S(1)에 부호 비트가 저장되어 있음)
- 연산기호 "**"의미 : 예를 들어 "A**B"의 경우 "A의B승"을 의미한다. (즉, $A^B$)
- 연산기호 "*"는 곱하기 연산을 의미한다.

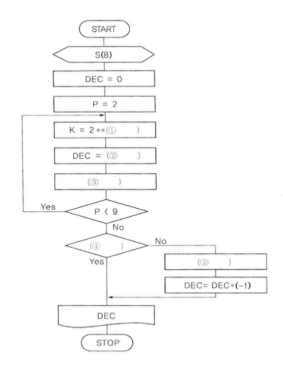

| 1 | S(P)=1 | 2 | 8−P | 3 | DEC=DEC+1 |
|---|---|---|---|---|---|
| 4 | 2 | 5 | K+1 | 6 | K*S(P) |
| 7 | (DEC**2)+1 | 8 | DEC=0 | 9 | 128−DEC |
| 10 | 100 | 11 | DEC=P | 12 | 1 |
| 13 | S(P)=0 | 14 | P+1 | 15 | DEC=DEC−1 |
| 16 | S(1)=0 | 17 | P−1 | 18 | P=K−P |
| 19 | DEC+(K×S(P)) | 20 | K+S(P) | 21 | S(1)=1 |
| 22 | S(P+1) | 23 | P=0 | 24 | K−1 |
| 25 | K−S(P) | 26 | P=P+K | 27 | DEC=DEC*(−1) |
| 28 | −1 | 29 | P=P−1 | 30 | P=P+1 |
| 31 | S(8)=0 | 32 | K | 33 | P=1 |
| 34 | DEC+(P×S(K)) | 35 | S(8)=1 | 36 | P+K |
| 37 | DEC−P | 38 | S(P) | 39 | DEC=DEC*P |
| 40 | P=P−K | | | | |

8−P

DEC+(K*S(P))

P=P+1

S(1)=0

DEC=128−DEC

• 알고리즘의 순서도에 대한 프로그램을 완성시켜라.

MEMO

MEMO

# 부록

# 연습문제 해답

## 1장

01. 문제를 분석하여 컴퓨터로 처리할 방법을 찾아내는 과정 또는 어떤 일의 처리나 문제를 해결할 때, 그 처리 과정이나 해결 절차.

02. 알고리즘을 그림 또는 국제기구에서 정한 기호를 처리 절차 순으로 나타낸 것.

03. 프로그램을 작성할 때에 순서도를 사용하면 해결 과정의 논리적 단계를 쉽게 파악할 수 있을 뿐만 아니라, 프로그램에 오류가 발생하는 경우에도 쉽게 수정 가능.

04.

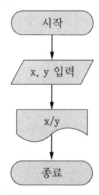

05.

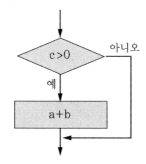

06.

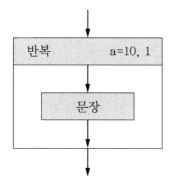

## 2장

01.

**Flow Chart**

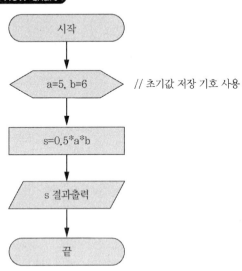

// 초기값 저장 기호 사용

**C⁺⁺ 프로그램**

```cpp
#include <iostream>
using namespace std;

int main()
{
int a=5, b=6, s;
s=0.5*a*b;
cout<<c;
return 0;
}
```

15

2.

**Flow Chart**

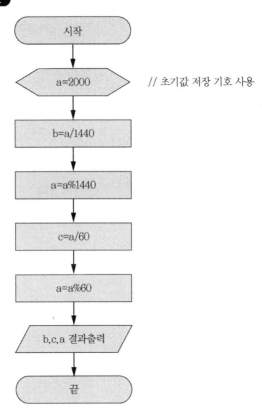

시작

a=2000          // 초기값 저장 기호 사용

b=a/1440

a=a%1440

c=a/60

a=a%60

b,c,a 결과출력

끝

```cpp
#include <iostream>
using namespace std;

int main()
{
int a=2000, b, c;
b=a/1440;
        a=a%1440;
        c=a/60;
        a=a%60;
cout<<b<<"일 "<<c<<"시 "<<a<<"분"<<endl;
return 0;
}
```

처리 과정

1일 9시 20분

03.

**Flow Chart**

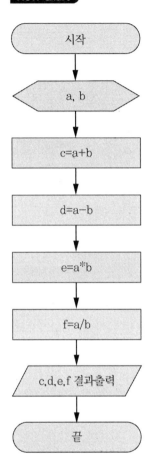

// 초기값 입력 기호 사용

**C++ 프로그램**

```
#include <iostream>
using namespace std;
```

```
int main()
{
int a, b, c, d, e, f;
cout<< " 두 정수를 입력 : " ;
cin>>a>>b;
c=a+b;
        d=a-b;
        e=a*b;
        f=a/b;
cout<<c<<endl;
        cout<<d<<endl;
        cout<<e<<endl;
        cout<<f<<endl;
return 0;
}
```

처리 과정

두 정수를 입력 : 10 5
15
5
75
2

04.

**Flow Chart**

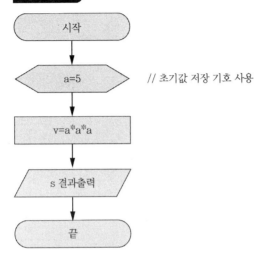

// 초기값 저장 기호 사용

**C⁺⁺ 프로그램**

```cpp
#include <iostream>
using namespace std;

int main()
{
int v,a=5;

v=a*a*a;
cout<<v<<endl;
return 0;
}
```

125


05.

**Flow Chart**

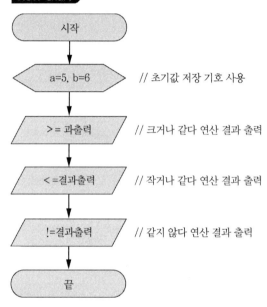

시작

a=5, b=6     // 초기값 저장 기호 사용

>= 과출력     // 크거나 같다 연산 결과 출력

<=결과출력     // 작거나 같다 연산 결과 출력

!=결과출력     // 같지 않다 연산 결과 출력

끝


**C++ 프로그램**

```cpp
#include <iostream>
using namespace std;
int main()
{
int a=5, b=6;
```

```
cout << (a >=b) << endl;
        cout << (a <=b) << endl;
        cout << (a!=b) << endl;
return 0;
}
```

처리 과정

0
1
1


06.

Flow Chart

```
cout << (a >=b) << endl;
        cout << (a <=b) << endl;
        cout << (a!=b) << endl;
return 0;
}
```

처리 과정

0
1
1


06.

Flow Chart

시작

a=5, b=6                    // 초기값 저장 기호 사용

(100 <=a)&&(b<=100)         // 참이면 1, 거짓이면 0 출력

(100 <=a) || (b<=100)       // 참이면 1, 거짓이면 0 출력

!(b<=100)                   // 참이면 1, 거짓이면 0 출력

끝

```cpp
#include <iostream>
using namespace std;
int main()
{
int a=5, b=6;
  cout<<((100<=a)&&(b>=100))<<endl;
  cout<<((100<=a)||(b>=100))<<endl;
  cout<<(!(b>=100))<<endl;
return 0;
}
```

처리 과정

0

0

1

01.

**Flow Chart**

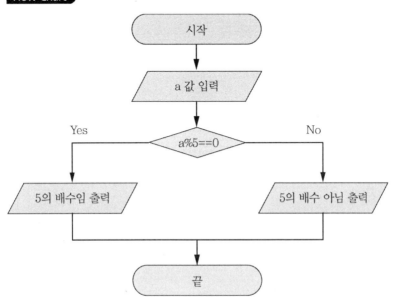

**C++ 프로그램**

```cpp
#include <iostream>
using namespace std;
int main()
{
int   a;
cout<<"정수 : "
cin>>a;
if(a%5==0) {
```

```
cout<<"5의 배수임"<<endl;
}else{
cout<<"5의 배수 아님"
}
return 0;
}
```

02.

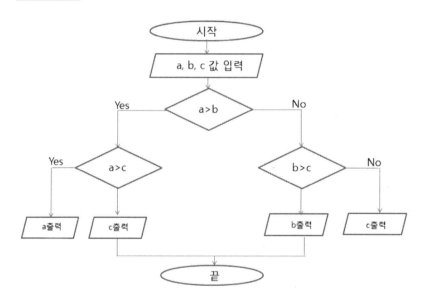

```
#include <iostream>
using namespace std;
```

```cpp
int main()
{
int   a, b, c;
cout<<"3 개 정수 : "
cin>>a>>b>>c;
if(a>b) {
if(a>c)
cout<<a<<endl;
else
cout<<c<<endl;
}else{
if(b>c)
cout<<b<<endl;
else
cout<<c<<endl;
}
return 0;
}
```

( 처리 과정 )

3 개 정수 : 3 5 7
7

03.

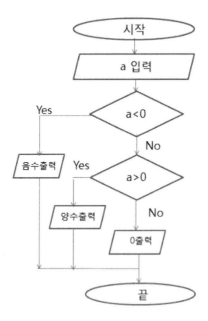

```
#include <iostream>
using namespace std;
int main()
{
int   a;
cout<<" 정수 : "
cin>>a;
if(a<0) {
```

```
cout<<"음수"<<endl;
}
else if(a>0){
cout<<"정수 입력"<<endl;
} else{
cout<<"0"<<endl;
}
return 0;
}
```

처리 과정

정수 입력 0
0

04.

**Flow Chart**

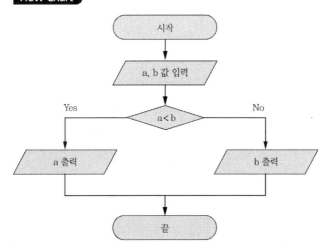

```cpp
#include <iostream>
using namespace std;
int main()
{
int   a, b;
cout<<" 2 정수 : "
cin>>a>>b;
if(a<b) {
cout<<a<<endl;
}
else{
cout<<b<<endl;
}
return 0;
}
```

처리 과정

2 정수 : 7 3
3

05.

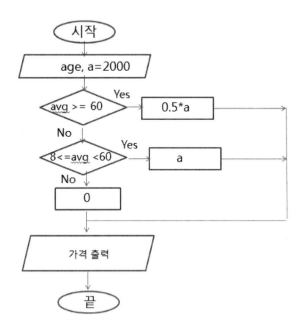

```
#include <iostream>
using namespace std;
int main()
{
int   a=2000, age;
cout<<" 나이입력 : "
cin>>age;
```

```
if(age>=60) {
cout<<0.5*a<<endl;
}
else if((age>=8)&(age<60)){
cout<<a<<endl;
}else{
cout<<"무료"<<endl;
}
return 0;
}
```

제리 과정

나이입력 : 7
무료

## 4장

01.

**Flow Chart**

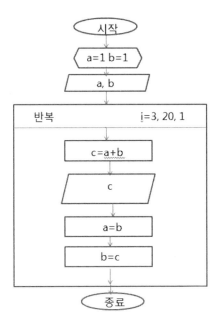

**C++ 프로그램**

```
#include <iostream>
using namespace std;
int main()
{
int  a=1, b=1, c, i;
cout<<a<<" "<<b<<" "
```

```
for(i=3; i<=20; i++){
c=a+b;
cout<<c<<" "
a=b;
b=c;
}
return 0;
}
```

처리 과정

1 1 2 3 5 8 13 21 34 55 89 144 233 377 610 987 1597 2584 4181 6765

02.

**Flow Chart**

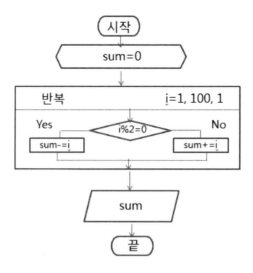

```cpp
#include <iostream>
using namespace std;
int main()
{
int  i, sum=0;

for(i=1; i<=100; i++){
if(i%2==0)
sum-=i;
else
sum+=i;
}
cout<<sum<<endl;
return 0;
}
```

처리 과정

-50

03.

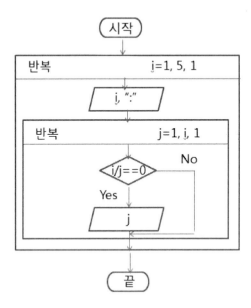

```cpp
#include <iostream>
using namespace std;
int main()
{
int  i, j;
for(i=1; i<=5; i++){
cout<<i<<"의 약수: "
for(j=1; j<=i; j++){
```

```
if(i%j==0)
cout<<j<<" "
}
cout<<endl;
}
return 0;
}
```

처리 과정

1의 약수: 1
2의 약수: 1 2
3의 약수: 1 3
4의 약수: 1 2 4
5의 약수: 1 5

## 04. 입력한 정수에 대한 소수 판별하기

**Flow Chart**

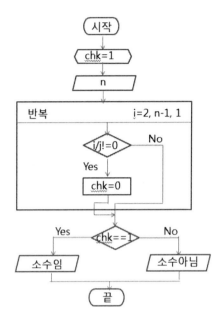

**C++ 프로그램**

```cpp
#include <iostream>
using namespace std;
int main()
{
int  i, n, chk=1;
cout<<"정수 :"
cin>>n;
for(i=2; i<=n-1; i++){
if(n%i==0){
```

```
chk=0;
break
}
}
if(chk==1){
cout<<"소수임"<<" "
}else{
cout<<"소수아님"<<endl;
}
return 0;
}
```

처리 과정

정수 : 11
소수임

## 05. 아래 모양 만들기

**Flow Chart**

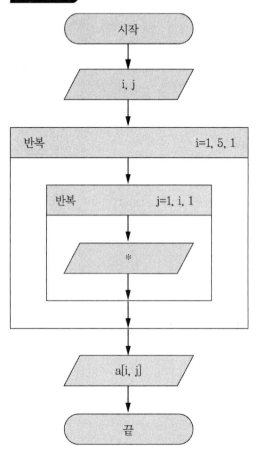

**C++ 프로그램**

```cpp
#include <iostream>
using namespace std;
int main()
```

```
{
int i, j;
for (i=1; i<=5; i++)
{
for(j=1; j<=i; j++)
    {
    cout<<"*"
    }
    cout<<endl;
}
return 0;
}
```

처리 과정

```
*
***
****
*****
```

## 5장

01.

**Flow Chart**

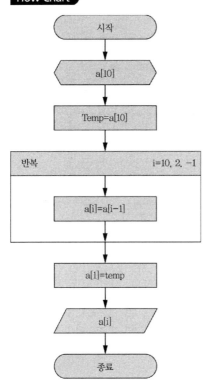

**C++ 프로그램**

```cpp
#include <iostream>
using namespace std;
int main()
{
int i, a[10], temp;
```

```
cout<< "오른쪽 1칸 이동 전 배열 상태 : ";
for (i=0; i<10; i++)
{
a[i]=i+1;
cout<<a[i]<< " " ;
}
temp=a[9];
for(i=9; i>0; i--)
    {
    a[i]=a[i-1];
    }
    a[0]=temp;
cout<<endl<< "오른쪽 1칸 이동 후 배열 상태 : ";
    for(i=0;i<10;i++)
    {
    cout<<a[i]<<" ";
}
cout<<endl;
return 0;
}
```

### 처리 과정

오른쪽 1칸 이동 전 배열 상태 : 1 2 3 4 5 6 7 8 9 10
오른쪽 1칸 이동 후 배열 상태 : 10 1 2 3 4 5 6 7 8 9

02.

**Flow Chart**

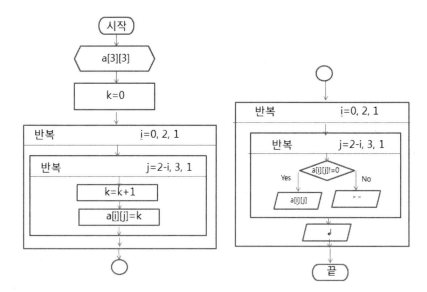

**C++ 프로그램**

```cpp
#include <iostream>
#include<iomanip>
using namespace std;
int main()
{
int i, a[3][3]={0}, j, k=0;
for (i=0; i<3; i++)
{
for(j=2-i; j<3; j++)
    {
```

```
        k=k+1;
        a[i][j]=k;
        }
}
    for(i=0;i<3;i++)
    {
for(j=0;j<3;j++)
{
if(a[i][j]!=0)
cout<<setw(3)<<a[i][j];
else
cout<<" "
}
    cout<<endl;
}
return 0;
}
```

___처리 과정___

```
    1
   2  3
  4  5  6
```

03.

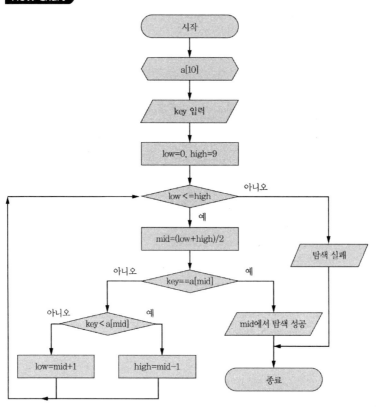

```cpp
#include <iostream>
using namespace std;
int main()
{
int  a[10]={31,55,60,24,88,79,10,11,41,62};
```

```
int key, low, high, mid;
cout<< "key : " ;
cin>>key;
low=0;
high=9;
while(low<=high) {
        mid=(low+high)/2;
        if(key==a[mid]){
        cout<<mid<< "에서 탐색성공" <<endl;
        break;
    }else if(key<a[mid]){
         high=mid-1;
}else{
low=mid+1;
}
}
if(low>high)
cout<<"탐색실패 "<<endl;
return 0;
}
```

<u>처리 과정</u>

탐색하고 싶은 정수 입력 : 88(키보드로 직접 입력)


4에서 탐색성공

04.

**Flow Chart**

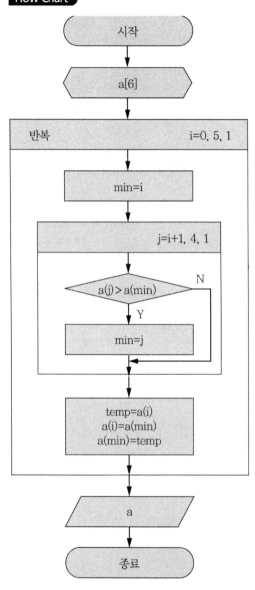

```
#include <iostream>
using namespace std;
int main()
{
int  a[6]={2,5,3,6,4,1};
int i, j, min, temp;
for(i=0; i<5; i++) {
min=i;
for(j =i+1;j<6 ; j++) {
        if(a[j]>a[min]) {
min=j;
}
}
temp=a[i];
a[i]=a[min];
a[min]=temp;
}
    for(i=0;i<6;i++) {
cout<<a[i]<<" "
    }
cout<<endl;
    return 0;
}
```

처리 과정

6 5 4 3 2 1

5.

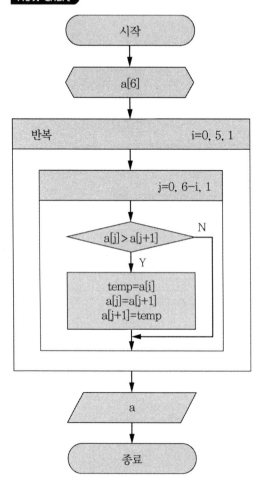

```
#include <iostream>
using namespace std;
```

```
int main()
{
int   a[6]={2,5,3,6,4,1};
int i, j, min, temp;
for(i=0; i<5; i++) {
min=i;
for(j =i+1;j<6 ; j++) {
        if(a[j]<a[min]) {
min=j;
}
}
temp=a[i];
a[i]=a[min];
a[min]=temp;
}
    for(i=0;i>6;i++) {
cout<<a[i]<<" ";
    }
cout<<endl;
    return 0;
}
```

처리 과정

6 5 4 3 2 1

# 정보처리기사 관련문제

01. 다음 순서도는 부호를 포함하여 8비트로 표현된 2진수 값을 10진수로 변환하여 출력하는 순서도와 C++프로그램을 작성하라.

───〈 처 리 조 건 〉───

1) 8비트 2진수 값의 최상위 비트는 부호 비트이고 최상위 비트의 값이 0인 경우 양수이고, 1인 경우는 음수이다. 단, 은수의 경우 2의 보수로 표현된 값이다.
2) 8비트 2진수의 값은 8인 배열 s에 b[0]에서 b[7]까지 순차적으로 저장되어 있다. 즉, b[0]에 부호비트가 저장되어 있음
3) A^B는 AB, A*B는 AB

02. 5명 학생들의 학번과 국어, 영어, 수학의 점수를 입력받는다. 이 데이터로 총점을 계산하여 배열에 저장하고 원하는 학생의 학번을 입력하면 각 과목 성적과 3과목 합계를 확인 할 수 있는 순서도와 C++프로그램을 작성하라.

───〈 처 리 조 건 〉───

1) 2차원 배열 사용할 것
2) 이진탐색 사용할 것

**03.** 아래 a[3][4]의 내용을 b[4][3]로 변경하여 출력하는 순서도와 C++프로그램을 작성하라.

변경 전인 a[3][4] 내용
```
 1  2   3  4
 5  6   7  8
 9 10  11 12
```
변경 전인 b[4][3] 내용
```
1  5   9
2  6  10
3  7  11
4  8  12
```

**04.** 아래 모양의 결과를 나타내도록 순서도와 C++프로그램을 작성하라.

```
1                                        41
2 10                                34 42
3 11 17                        29 35 43
4 12 18 22              26 30 36 44
5 13 19 23 25 27 31 37 45
6 14 20 24              28 32 38 46
7 15 21                        33 39 47
8 16                                40 48
9                                        49
```

# 정보처리기사 관련문제 해답

**01.**

**Flow Chart**

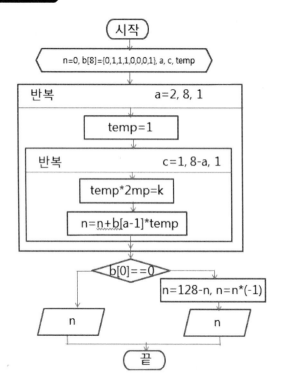

```cpp
#include <iostream>
using namespace std;
int main()
{
int  n=0, b[8]={0,1,1,1,0,0,0,1};
int a, c, temp;
for(a=2; a<=8; a++) {
temp=1;
for(c =1;c<=8-a ; c++)
temp=temp*2;
    n=n+b[a-1]*temp;
}
if(b[0]==0){
  cout<<n<<endl;
} else{
n=128-n;
n=n*(-1);
cout<<n<<endl;
    }
    return 0;
}
```

처리 과정

113

**02.**

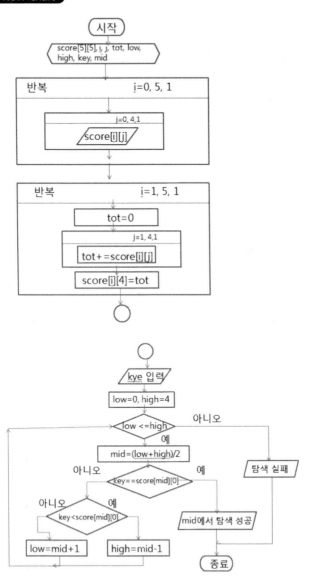

**C⁺⁺ 프로그램**

```cpp
#include <iostream>
using namespace std;
int main()
{
int

score[5][5]={{0,0,0,0,0},{0,0,0,0,0},{0,0,0,0,0},{0,0,0,0,0},{0,0,0,0,
0}};
int i,j,tot,key;
int low, high, mid;
for(i=0; i<5; i++)
{
cout<<"학번 그리고 3과목 성적 입력 :"
for(j=0; j<4; j++)
{
cin>>score[i][j];
}
}
for(i=1; i<5; i++) {
tot=0;
for(j =1;j<4 ; j++)
{
tot=score[i][j];
}
score[i][4]=tot;
}
cout<<"학번 입력 : "
cin>>key;
low=0;
```

```
high=4;
while(low<=high)
{
mid=(low+high)/2;
if(key==score[mid][0])
{
cout<<score[mid][1]<<" "<<score[mid][2]<<" "<<score[mid][3]
<<" "<<score[mid][4]<<endl;
break
}else if(key<score[mid][0]){
high=mid-1;}
else{
low=mid+1;
}
}
if(low>high)
cout<<"탐색실패"<<endl;
return 0;

}
```

처리 과정

학번 그리고 3과목 성적 입력 :1 98 55 68
학번 그리고 3과목 성적 입력 :2 98 55 80
학번 그리고 3과목 성적 입력 :3 98 97 96
학번 그리고 3과목 성적 입력 :4 98 50 68
학번 그리고 3과목 성적 입력 :5 98 85 68
학번 입력 : 3
98 97 96 97

**03.**

**Flow Chart**

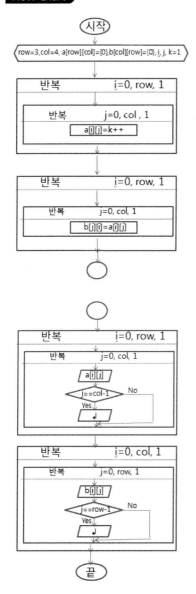

```cpp
#include <iostream>
#include<iomanip>
using namespace std;
#define row 3
#define col 4
int main()
{
int a[row][col]={{0,0,0,0},{0,0,0,0},{0,0,0,0}},
b[col][row]={{0,0,0},{0,0,0},{0,0,0},{0,0,0}};
int i,j,k=1;
for(i=0; i<row; i++)
{
for(j=0; j<col; j++)
{
a[i][j]=k++;
}
}
for(i=0; i<row; i++)
{
for(j=0; j<col; j++)
{
b[j][i]=a[i][j];
}
}

for(i=0; i<row; i++)
{
for(j=0; j<col; j++)
```

```
{
cout<<setw(3)<<a[i][j];
if(j==col-1)
cout<<endl;
}
}
cout<<endl;
for(i=0; i<col; i++)
{
for(j=0; j<row; j++)
{
cout<<setw(3)<<b[i][j];
if(j==row-1)
cout<<endl;
}

}
return 0;
}
```

### 처리 과정

```
 1  2  3  4
 5  6  7  8
 9 10 11 12

 1  5  9
 2  6  10
 3  7  11
 4  8  12
```

**04.**

**Flow Chart**

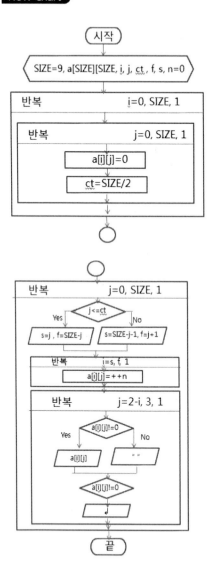

```cpp
#include <iostream>
#include<iomanip>
using namespace std;
#define SIZE 9
int main()
{
int a[SIZE][SIZE];
int i,j,ct,s,f,n=0;
for(i=0; i<SIZE; i++)
{
for(j=0; j<SIZE; j++)
{
a[i][j]=0;
ct=SIZE/2;
}
}
for(j=0; j<SIZE; j++)
{
if(j<=ct)
{
s=j;
f=SIZE-j;
}
else
{
s=SIZE-j-1;
f=j+1;
}
```

```
for(i=s; i<f; i++)
a[i][j]=++n;
}
for(i=0; i<SIZE; i++)
for(j=0; j<SIZE; j++)
{
if(a[i][j]==0)
{
cout<<setw(3)<<" "
}
else
{
cout<<setw(3)<<a[i][j];
}
if(j==SIZE-1)
cout<<endl;
}
return 0;
}
```

### 처리 과정

| 1 |    |    |    |    |    |    |    | 41 |
|---|----|----|----|----|----|----|----|----|
| 2 | 10 |    |    |    |    |    | 34 | 42 |
| 3 | 11 | 17 |    |    |    | 29 | 35 | 43 |
| 4 | 12 | 18 | 22 |    | 26 | 30 | 36 | 44 |
| 5 | 13 | 19 | 23 | 25 | 27 | 31 | 37 | 45 |
| 6 | 14 | 20 | 24 |    | 28 | 32 | 38 | 46 |
| 7 | 15 | 21 |    |    |    | 33 | 39 | 47 |
| 8 | 16 |    |    |    |    |    | 40 | 48 |
| 9 |    |    |    |    |    |    |    | 49 |

MEMO

MEMO

# 알고리즘 학습을 위한 순서도와 C++

초판인쇄  2019년 05월 24일
초판발행  2019년 05월 31일

**지은이** ｜ 양기철
**펴낸이** ｜ 노소영
**펴낸곳** ｜ 도서출판 마지원

**등록번호** ｜ 제559-2016-000004
**전화** ｜ 031)855-7995
**팩스** ｜ 02)2602-7995
**주소** ｜ 서울 강서구 마곡중앙5로1길 20

www.majiwon.co.kr
http://blog.naver.com/wolsongbook

ISBN ｜ 979-11-88127-44-3 (93000)


정가 15,000원

좋은 출판사가 좋은 책을 만듭니다.
도서출판 마지원은 진실된 마음으로 책을 만드는 출판사입니다.
항상 독자 여러분과 함께 하겠습니다.